最新 一番よくわかる
ゴルフ
ルールブック
カラー版

水谷 翔

西東社

最新 一番よくわかる
ゴルフルールブック カラー版
CONTENTS

- ●本書の見方 ——————————————————— 10
- ●よくあるルール違反早わかり —————————— 12

PART 1 必ず守りたいエチケット&マナー 15～22

1. 服装はプレーにふさわしいものを ——————— 16
2. スタート時間は厳守 ——————————— 16
3. 合計のハンディは100以内に ——————— 17
4. ショットの際は必ず安全を確認 ——————— 17
5. 人のショットは静かに見守る ——————— 18
6. プレーは迅速に ——————————— 18
7. 遅れが出たら後続組をパスさせる ——————— 19
8. ビギナーはギブアップも必要 ——————— 19
9. ディボット跡は必ず修復 ——————— 20
10. バンカーならしは自分で行う ——————— 20
11. グリーン上は静かに歩く ——————— 21
12. パットの線の前後に立たない ——————— 21
13. スコアはグリーン外でつける ——————— 22
14. ローカルルールは必ず確認 ——————— 22

PART 2 ティーインググラウンドでのルール 23～36

- SCENE 01 ティー区域外から打ってしまった ——————— 24
- SCENE 02 スタンスがティー区域外に出ていた ——————— 25
- SCENE 03 盛り上げた砂にボールを置いて打った ——————— 26
- SCENE 04 チョロしたのでティーマーカーを動かして打った ——————— 27
- SCENE 05 ティーアップしたボールの後ろの地面を直して打った ——————— 28
- SCENE 06 打順を間違えて打ってしまった ——————— 29

SCENE 07	空振りしてしまった	30
SCENE 08	空振りでティーペッグから落ちたボールを再度ティーアップした	31
SCENE 09	ワッグル中にティーペッグからボールが落ちた	32
SCENE 10	ティーショットがOBになってしまった	33
SCENE 11	宣言せずに暫定球を打ってしまった	34
SCENE 12	自分の判断で暫定球を4発も打った	35
SCENE 13	アンプレヤブルを宣言して違う地点にティーアップして打った	36

PART 3　スルーザグリーンでのルール　37〜112

SCENE 01	セーフだと思ったボールがOBエリアに入っていた	38
SCENE 02	OBエリアにスタンスをとって打った	40
SCENE 03	邪魔なOB杭を抜いてしまった	41
SCENE 04	あるはずのボールが見つからない	42
SCENE 05	初球と暫定球の区別がつかない	43
SCENE 06	暫定球を打った後に初球が見つかった	44
SCENE 07	初球よりホールに近づいて暫定球をプレーした	45
SCENE 08	自分のボールかどうかはっきりしない	46
SCENE 09	初球が見つかったが打ちにくいので暫定球でプレーした	47
SCENE 10	ホールから遠い同伴競技者より先に打ってしまった	48
SCENE 11	間違えて同伴競技者のボールを打ってしまった	49
SCENE 12	木の枝にボールが引っかかってしまった	50
SCENE 13	木の上のボールを確認できない	52
SCENE 14	木の支柱がショットの邪魔になる	53
SCENE 15	支柱だけでなく樹木自体が障害になる	54
SCENE 16	マークせずにボールを拾い上げてしまった	55
SCENE 17	カート道路にボールが止まってしまった	56
SCENE 18	修理地にボールが止まっている	58
SCENE 19	アドレスをとるとスタンスが修理地にかかってしまう	59
SCENE 20	修理地の青杭を抜いて打った	60
SCENE 21	マンホールのふたの上にボールが止まってしまった	61
SCENE 22	うっかり自分のボールを動かしてしまった	62
SCENE 23	同伴競技者のボールを蹴飛ばしてしまった	63
SCENE 24	ボールを確認するためラフの芝をかき分けた	64
SCENE 25	もぐらの掘った穴の近くにボールが止まってしまった	65
SCENE 26	ショットの勢いでボールがフェアウエーに食い込んでしまった	66

SCENE 27	ボールの後ろのラフを踏みつけて打った	67
SCENE 28	カラスがボールをくわえて飛んでいってしまった	68
SCENE 29	切り倒された木の近くにボールが止まってしまった	69
SCENE 30	作業車に当たったボールがOBになってしまった	70
SCENE 31	方向がわかるようクラブを置いて打った	71
SCENE 32	ボールの後ろの小枝を取り除いてから打った	72
SCENE 33	ボールの後ろに埋まっていた小石を取り除いてから打った	73
SCENE 34	水溜まりにボールが入ってしまった	74
SCENE 35	修理地に入ったボールが見つからない	75
SCENE 36	同伴競技者に使ったクラブの番手を聞いた	76
SCENE 37	同伴競技者にグリーンまでの距離を聞いた	77
SCENE 38	ボールが泥だらけではっきり確認できない	78
SCENE 39	別のボールをドロップした直後に初球が見つかった	79
SCENE 40	ポケットから出したボールを腰の高さからドロップした	80
SCENE 41	ドロップしたボールが足に当たって止まった	82
SCENE 42	ドロップしたボールがカートに当たって止まった	83
SCENE 43	ドロップしたボールがハザードに転がり込んだ	84
SCENE 44	ドロップしたボールが5m以上転がった	85
SCENE 45	再ドロップしたボールが止まらない	86
SCENE 46	間違った場所にドロップしてしまった	87
SCENE 47	ディボット跡をならしてからドロップした	88
SCENE 48	ラフからドロップしたボールがフェアウエーに止まった	89
SCENE 49	止まっていたボールが突風で動いた	90
SCENE 50	アドレスをとったらボールが動いた	91
SCENE 51	バックスイング後ボールが動いたがそのままショットした	92
SCENE 52	ボールの後ろの鉛筆を取り除いたらボールが動いた	93
SCENE 53	アドレスでソールしたらヘッドがボールに触れた	94
SCENE 54	打ったボールが木に跳ね返り体に当たってしまった	95
SCENE 55	打ったボールが同伴競技者に当たってしまった	96
SCENE 56	打ったボールがキャディーに当たってしまった	97
SCENE 57	打ったボールがカートに当たってしまった	98
SCENE 58	打ったボールが同伴競技者のボールに当たってしまった	99
SCENE 59	通常のショットが不可能なので左打ちをした	100
SCENE 60	木の下にあるボールを手前にかき寄せた	101
SCENE 61	クラブのグリップ部分でボールを打った	102
SCENE 62	タオルを敷いてひざまづいて打った	103
SCENE 63	バンカーならしを取り除いてから打った	104
SCENE 64	コースに残っていた雪の中にボールが潜ってしまった	105

SCENE 65	ショットの勢いでボールが傷ついた	106
SCENE 66	待ち時間に別のボールでアプローチ練習をした	107
SCENE 67	ラフに落ちていたロストボールを片手で軽く打った	108
SCENE 68	2度打ちしてしまった	109
SCENE 69	防護ネットがショットの邪魔になる	110
SCENE 70	雨でグリップが滑るのでハンカチを巻いて打った	111
SCENE 71	キャディーを目印にしてショットした	112

PART 4 バンカーでのルール 113〜136

SCENE 01	アドレスでクラブヘッドが砂に触れた	114
SCENE 02	気になる枯れ葉を取り除いた	115
SCENE 03	不使用のクラブを砂の上に置いて打った	116
SCENE 04	持っていた傘を砂に突き刺した	117
SCENE 05	ショットの前に足で砂を蹴った	118
SCENE 06	スタンスをとった後にボールが動いた	119
SCENE 07	ショット後砂をならしたところにボールが転がり戻った	120
SCENE 08	OBとわかった後に砂をならした	121
SCENE 09	1度とったスタンス跡を直してから再度スタンスをとった	122
SCENE 10	砂に埋まったボールを確認するため少し砂を取り除いた	123
SCENE 11	ボールをドロップしたら目玉になってしまった	124
SCENE 12	確認のため同伴競技者了解のもとボールを拾い上げた	125
SCENE 13	バンカーの土手のボールにアドレスする際ヘッドが砂に触れた	126
SCENE 14	同伴競技者のショットでライが変わってしまった	127
SCENE 15	苦手なバンカーショットを回避する方法はある?	128
SCENE 16	バンカー内の水溜まりにボールが止まってしまった	130
SCENE 17	バンカーが満水でドロップするところがない	132
SCENE 18	同伴競技者のボールがショットの邪魔になる	133
SCENE 19	誤ってバンカー内の砂面に手をついてしまった	134
SCENE 20	ホールアウト後バンカーで2、3球練習した	135
SCENE 21	ボールがグリーンに乗った後練習スイングをした	136

PART 5 ウォーターハザードでのルール 137〜156

SCENE 01	池ポチャしてしまった	138
SCENE 02	ホールと平行に流れる川にボールが入ってしまった	140
SCENE 03	橋の上に止まったボールをスルーザグリーンにドロップした	142
SCENE 04	水中のボールを打つ際、アドレスでヘッドが水面に触れた	143
SCENE 05	水中で動いているボールを打ってしまった	144
SCENE 06	枯れ葉を取り除いてから打った	145
SCENE 07	ウォーターハザードの標示杭を抜いて打った	146
SCENE 08	川に入ったボールが流されてOBエリアに入ってしまった	148
SCENE 09	池からあふれ出た水の中にボールが止まってしまった	149
SCENE 10	1度グリーンオンしたボールが転がり戻って池に入った	150
SCENE 11	奥のバンカーから打ったボールが手前の池に入ってしまった	152
SCENE 12	水が干上がった池のボールを打つ際クラブをソールした	154
SCENE 13	池のボールを探すためクラブを水中につけた	155
SCENE 14	池に入ったかどうかはっきりしない	156

PART 6 グリーンでのルール 157〜194

SCENE 01	カラーのボールをマークして拾い上げた	158
SCENE 02	グリーン面を手でこすった	159
SCENE 03	ライン上のスパイクマークを直した	160
SCENE 04	ライン上の枯れ葉を取り除いた	161
SCENE 05	ライン上の砂を取り除いた	162
SCENE 06	ライン上の朝露をパターヘッドで払いのけた	163
SCENE 07	ホールに対してボールの真横にマークして拾い上げた	164
SCENE 08	ズラしておいたマークを戻さずにパットした	165
SCENE 09	マークする際うっかりボールを動かしてしまった	166
SCENE 10	マークしたコインをうっかり動かしてしまった	167
SCENE 11	キャディーに傘をささせたままパットした	168
SCENE 12	キャディーの指示でその足を目印にパットした	169
SCENE 13	マークしたボールをキャディーに転がして渡した	170
SCENE 14	突然吹いてきた風でボールが動いた	171
SCENE 15	ラインをまたぐようなスタイルでパットした	172

SCENE	内容	ページ
SCENE 16	パターを使わずにアイアンでパットした	174
SCENE 17	片手に旗竿を持ったままパットした	175
SCENE 18	ラインを読む際、片手をグリーン面についた	176
SCENE 19	ボールの汚れをグリーン面で拭いた	177
SCENE 20	ホールから遠い同伴競技者のボールが動いているうちに打った	178
SCENE 21	他のホールのグリーンにボールが乗ってしまった	180
SCENE 22	サブグリーンにボールが乗ってしまった	181
SCENE 23	10cm前後のパットをOKとしてボールを拾い上げた	182
SCENE 24	ホールの縁に止まったボールを20秒以上見守った	183
SCENE 25	パッティングライン上に水溜まりがある	184
SCENE 26	カラーから打ったボールがカップと旗竿の間にはさまった	186
SCENE 27	パットしたボールが旗竿に当たってホールに入った	187
SCENE 28	ロングパットを打った後キャディに旗竿を取り除かせた	188
SCENE 29	強く打ちすぎたボールが置いてあった旗竿に当たった	189
SCENE 30	パットしたボールが同伴競技者のボールに当たった	190
SCENE 31	同伴競技者のボールに当たってホールインした	192
SCENE 32	グリーン上のボールに後続組のボールが当たった	194

PART 7 その他のルール 195〜204

SCENE	内容	ページ
SCENE 01	15本のクラブを持ってラウンドした	196
SCENE 02	ドライバーが折れたのでハーフタイムに交換した	197
SCENE 03	張ってあったバランス鉛をラウンド中にはがした	198
SCENE 04	ラウンド中に同伴競技者から打ち方を教わった	199
SCENE 05	聞いてもいないのにスイングの間違いを指摘された	200
SCENE 06	同伴競技者のクラブで打ってしまった	201
SCENE 07	実際より少ない打数を記入してスコアカードを提出した	202
SCENE 08	実際より多い打数を記入してスコアカードを提出した	203
SCENE 09	サインを忘れてスコアカードを提出した	204

PART 8 これだけは覚えておきたい ルールのキーワード 205〜234

用語の意味を知ればルールはやさしい ……… 206

【ア行】

- アウトオブバウンズ — 206
- アテスト — 207
- アドバイス — 207
- アドレス — 207
- 穴掘り動物 — 208
- アプルーブ — 208
- アンプレヤブル — 208
- インプレーのボール — 209
- ウォーターハザード — 209
- 動いたボール — 210
- OK(オッケー) — 210
- OB(オービー) — 210
- オナー — 210
- オブザーバー — 211

【カ行】

- カジュアルウォーター — 211
- キャディー — 211
- 救済のニアレストポイント — 212
- 局外者 — 212
- クラブレングス — 213
- グリーン面のテスト — 213
- 携帯品 — 214
- コース — 214
- 誤球 — 215
- 誤所からのプレー — 215

【サ行】

- 暫定球 — 215
- サブグリーン — 215
- 障害物 — 216
- 修理地 — 217
- 審判員 — 217
- スタンス — 217
- ストローク — 218
- ストロークプレー — 218
- 砂のテスト — 219
- スルーザグリーン — 219

【タ行】
- ティー ─── 220
- ティーアップ ─── 220
- ティーインググラウンド ─── 220
- ティーマーカー ─── 221
- 同伴競技者 ─── 221
- ドロップ ─── 222

【ハ行】
- 旗竿 ─── 223
- ハザード ─── 224
- パッティンググリーン ─── 224
- パットの線 ─── 225
- バンカー ─── 226
- フォアキャディー ─── 227
- プレース ─── 227
- プレー線 ─── 228
- プレー線の改善 ─── 228
- プレーの遅延 ─── 229
- 紛失球 ─── 229
- ホール ─── 229
- ホールに入ったボール ─── 230

【マ行】
- マーカー ─── 230
- マーク ─── 231
- マッチプレー ─── 231

【ラ行】
- ライの改善 ─── 232
- ラテラル・ウォーターハザード ─── 232
- ラブオブザグリーン ─── 233
- リプレース ─── 233
- ルースインペディメント ─── 234

付 録　よくあるローカルルールと略式ハンディキャップ ─── 235〜239
- そのコース独自のルールがローカルルールだ ─── 236
- コンペで役立つ略式ハンディキャップ ─── 238

ティーインググラウンド Teeing Ground
頻度 ★

SCENE 13

アンプレヤブルを宣言して違う地点にティーアップして打った

状況 アンプレヤブルを宣言して再度ティーショットを打ったが、ティーアップの位置が前と違うというクレームがついた。

「アンプレヤブルします!」

罰打 0 | **処置法** そのままプレー続行

ウォーターハザード以外であれば、プレーヤーはいつでも**アンプレヤブル**を宣言することができる。アンプレヤブルには3つの処置法があり、その中の「前位置から打ち直す」という処置を選んだ場合、**ティーインググラウンド**の範囲内であれば前位置と異なる地点に**ティーアップ**しても問題はない(もちろんアンプレヤブルの1罰打は加算される)。

本書の見方

本書は(財)日本ゴルフ協会発行の「ゴルフ規則」をベースに、ラウンド中によく起こるトラブルについて、事例を上げて解説するとともに、その後の処置のしかたやペナルティの有無が一目でわかるような構成となっている。ルールの解釈はあくまでも事実関係によって異なるので、問題となる状況を明確に限定した上でないと、ペナルティの有無は判断できない。本書を利用するにあたっては、まず以下の点を頭に入れておいてほしい。なお、本書は競技方式をストロークプレーに限定しており、マッチプレーではペナルティ、処置法とも異なる場合があるので注意されたい。

そのトラブルがどこで起きたかを表す。同じ行為でも場所によって適用されるルールが異なる場合が多いので、まずどこで起こった出来事なのかを確認すること。

実際のラウンドで起こりやすいケースか否かの頻度。★印1つが「まれに起こる」、2つが「ときどき起こる」、3つが「よく起こる」ことを表す。

上の見出しを補足するとともに、そのトラブルが起きた状況と、そのボールをどうしたかといった事実関係を表記。

ペナルティの有無または、ルール上無罰での救済処置が受けられるか否かを表記。数字は罰打の数を表す。

そのトラブルからの処置のしかたを表記。

上の処置法を補足するとともに、適用される規則を表記。なお、文中の太字はルールを解釈する上で重要な用語を表しており、その言葉の意味と解説は205ページからの「これだけは覚えておきたいゴルフのキーワード」に50音順で掲載されている。解説文を読んでわからない用語がある場合は、必ずこのページを参照されたい。

よくあるルール違反早わかり

発生場所	状況	罰打	処置法	参照ページ
ティーインググラウンド	ティー区域外から打ってしまった	2	A	24
ティーインググラウンド	空振りでティーから落ちたボールを再度ティーアップした	1	B	31
ティーインググラウンド	ティーショットがOBになってしまった	1	A	33
スルーザグリーン	邪魔なOB杭を抜いてしまった	2	D	41
スルーザグリーン	あるはずのボールが見つからない	1	A	42
スルーザグリーン	暫定球を打った後に初球が見つかった	1	D	44
スルーザグリーン	自分のボールかどうかはっきりしない	1	A	46
スルーザグリーン	初球が見つかったが打ちにくいので暫定球でプレーした	2	E	47
スルーザグリーン	間違えて同伴競技者のボールを打ってしまった	2	E	49
スルーザグリーン	木の上のボールを確認できない	1	A	52
スルーザグリーン	マークせずにボールを拾い上げてしまった	1	B	55
スルーザグリーン	うっかり自分のボールを動かしてしまった	1	B	62
スルーザグリーン	ボールの後ろのラフを踏みつけて打った	2	D	67
スルーザグリーン	作業車に当たったボールがOBになってしまった	1	A	70
スルーザグリーン	方向がわかるようクラブを置いて打った	2	D	71
スルーザグリーン	ボールの後ろに埋まっていた小石を取り除いてから打った	2	D	73
スルーザグリーン	ディボット跡をならしてからドロップした	2	D	88
スルーザグリーン	アドレスをとったらボールが動いた	1	B	91
スルーザグリーン	バックスイング後ボールが動いたがそのままショットした	1	D	92
スルーザグリーン	打ったボールが木に跳ね返り体に当たってしまった	1	D	95

処置法	A 前位置から打ち直す B 前位置にリプレース C 適合箇所にドロップ D そのままプレー続行 E 改めて正球(初球)をプレー

スルーザグリーン	打ったボールがキャディーに当たってしまった	1	D	97
	打ったボールがカートに当たってしまった	1	D	98
	クラブのグリップ部分でボールを打った	2	D	102
	タオルを敷いてひざまづいて打った	2	D	103
	待ち時間に別のボールでアプローチ練習をした	2	D	107
	2度打ちしてしまった	1	D	109
	キャディーを目印にしてショットした	2	D	112
バンカー	アドレスでクラブヘッドが砂に触れた	2	D	114
	気になる枯れ葉を取り除いた	2	D	115
	持っていた傘を砂に突き刺した	2	D	117
	ショットの前に足で砂を蹴った	2	D	118
	スタンスをとった後にボールが動いた	1	B	119
	1度とったスタンス跡を直してから再度スタンスをとった	2	D	122
	ホールアウト後バンカーで2、3球練習した	2	D	135
ウォーターハザード	池ポチャしてしまった	1	C	138
	ホールと平行に流れる川にボールが入ってしまった	1	C	140
	橋の上に止まったボールをスルーザグリーンにドロップした	1	D	142
	水中のボールを打つ際、アドレスでヘッドが水面に触れた	2	D	143
	枯れ葉を取り除いてから打った	2	D	145
	1度グリーンオンしたボールが転がり戻って池に入った	1	C	150
	奥のバンカーから打ったボールが手前の池に入ってしまった	1	C	152
	水が干上がった池のボールを打つ際、クラブをソールした	2	D	154
	池に入ったかどうかはっきりしない	1	A	156

処置法　**A** 前位置から打ち直す　**B** 前位置にリプレース　**C** 適合箇所にドロップ　**D** そのままプレー続行　**E** 改めて正球(初球)をプレー

グリーン	カラーのボールをマークして拾い上げた	1	B		158
	グリーン面を手でこすった	2	D		159
	ライン上のスパイクマークを直した	2	D		160
	ライン上の朝露をパターヘッドで払いのけた	2	D		163
	ホールに対してボールの真横5〜6cmにマークして拾い上げた	1	B		164
	ズラしておいたマークを戻さずにパットした	2	D		165
	マークしたコインをうっかり動かしてしまった	1	B		167
	キャディーに傘をささせたままパットした	2	D		168
	キャディーの指示でその足を目印にパットした	2	D		169
	ホールから遠い同伴競技者のボールが動いているうちに打った	2	D		178
	10cm前後のパットをOKとしてボールを拾い上げた	1	B		182
	ホールの縁に止まったボールを20秒以上見守った	2	D		183
	パットしたボールが旗竿に当たってホールに入った	2	D		187
	強く打ちすぎたボールが置いてあった旗竿に当たった	2	D		189
	パットしたボールが同伴競技者のボールに当たった	2	D		190
その他	ラウンド中に同伴競技者から打ち方を教わった	2	D		199
	同伴競技者のクラブで打ってしまった	2	D		201
	実際より少ない打数を記入してスコアカードを提出した	競技失格	—		202
	サインを忘れてスコアカードを提出した	競技失格	—		204

処置法　A 前位置から打ち直す　B 前位置にリプレース　C 適合箇所にドロップ　D そのままプレー続行　E 改めて正球(初球)をプレー

PART 1
Etiquette & Manner

必ず守りたい
エチケット&マナー

エチケット&マナー Etiquette & Manner

1 服装はプレーにふさわしいものを

ゴルフウエアは襟付きが条件。リゾートコースなどではTシャツに短パンでもOKな場合もあるが、人に不快感を与えないよう、こざっぱりとしたものを着用すること。

　ゴルフコースは単にプレーする場所というだけでなく、そこに集まる人同士の社交の場でもある。特にメンバー制のコースをビジターとしてプレーする場合は、他人の家を訪問するときのように、失礼のない身だしなみを心がける必要がある。
　ゴルフは野球やサッカーなどのように決められたユニフォームはないが、男性の場合はポロシャツなどの襟付きのシャツにスラックス、女性も襟付きのブラウスにパンツまたはキュロットスカートといった、動きやすい服装がベスト。また、夏場は必ず帽子かサンバイザーを着用すること。

2 スタート時間は厳守

遅刻は最大のマナー違反。コースに早く着いても、スタートホールの集合に遅れたら何にもならない。

　日常生活でもあたりまえのことだが、4人1組でラウンドするゴルフでは遅刻は厳禁。クラブハウスに到着しても、サインや着替えなどスタートまでにある程度時間がかかるので、コースにはスタート時間の最低1時間前には到着するようにし、また、スタートホールのティーインググラウンドには、10分前には集合するよう心がけよう。
　なお、ルール上5分以内の遅刻に関しては、スタートホールのスコアに2打のペナルティが科せられるだけで済むが、これを超えると競技失格となる。

3 合計のハンディは100以内に

多くのゴルフ場はプレーを円滑に進められるよう、6〜8分間隔でスタート時間を決めている。通常のストロークプレーでは、4人1組でのラウンドとなるので、初心者にとって1ホールのプレーに許される時間は意外と短い。このプレー時間を守るうえで重要になるのが1組の合計ハンディキャップだ。

「1組の合計ハンディは100以内でお願いします」と謳っているコースもあるように、初心者4人組でのラウンドは明らかなマナー違反。初心者がいる組には必ず上級者を1人入れるなど、1組の合計ハンディを100以内に抑えること。これは、上達への近道でもある。

初心者は必ず上級者と組み、1組の合計ハンディは100以内にするのがマナーだ。

4 ショットの際は必ず安全を確認

たとえ初心者であってもスイングのスピードはかなりのもの。何気なく行った素振りが大きな事故につながることも珍しくない。初心者は緊張のためか、あたりかまわず素振りをすることが多いが、これは大変危険。素振りをする場合は自分の前後左右をよく注意し、必ずティーインググラウンド上で行うようにする。

そして、ショットの際は前方をしっかりと確認し、キャディの合図を待ってから打つこと。万一、ミスショットで隣のホールなどに打ち込んでしまった場合は、すかさず「フォアー!」と大きな掛け声をかけ、注意を促すのが義務だ。

素振りにかぎらず、ショットの前には必ず前後左右の状況を確認する習慣をつけよう。

5 人のショットは静かに見守る

静止しているボールを打つゴルフでは、ちょっとした話し声1つでも、打つ人にとっては大いに気になる。人がアドレスに入ったら私語をやめ、じっと静かに見守るのがマナーである。

なお、同伴競技者のショットを見守る場合は、ティーグラウンドの外に出るか、右斜め前方に静かに立つこと。これは打球事故を防ぐ意味でも、重要なエチケットである。

人がアドレスに入ったら私語をやめ、じっと静かに見守るのがマナー。

6 プレーは迅速に

プロや上級者を見ればよく分かるが、ゴルフのうまい人は皆一様にプレーが速い。打ち終わったらサッサとボールの落下地点へ歩いて行く。このテキパキとしたリズムがゴルフでは大切なのだ。それにくらべてヘタな人ほどプレーが遅い。速く打てというのではなく、ショットとショットの間の歩行を速くするのだ。

次打地点へ向かう際は必ずクラブを2、3本持ち、できるかぎり早足で歩くこと。プレー時間の目安は遅くてもハーフ2時間。これを守る意味でもスロープレーは厳禁だ。

プレーが遅い人は上達も遅い。上級者ほどスイングはゆっくりでもプレーは速い。

7 遅れが出たら後続組をパスさせる

　ボールが思った方向に飛んでくれない初心者にとって、上級者と同じペースでラウンドしろといってもなかなか難しいもの。そこで、万一、プレーに遅れが出た場合は、後続の組をパスさせるのがマナーだ。

　ショートホールなどでは、自分の組全員がオンしたらボールをマークして拾い上げ、後続組に合図して先にティーショットを打たせるのもマナーの1つだ。

遅れていると判断したら、迷わず後続組をパスさせる。無理に急ごうとするのはミスの元だ。

8 ビギナーはギブアップも必要

　本ルールでは違反となるので、正式な競技会では絶対にしてはいけないが、プライベートなラウンドの場合、どうしても打てないと思うような状況に陥ったら、ギブアップするのもマナーの1つ。崖下にボールを落としたり、隣のホールに打ち込んでしまった場合など、初心者ではなかなかリカバリーは難しいもの。こういったケースでは自分で判断して、ボールを拾い上げるようにする。

　ただし、ホールアウト後、そのことを同伴競技者にハッキリと報告することが大切だ。

自分の力量ではとうていリカバリーできないと判断したら、ギブアップするのもマナーの1つ。

9 ディボット跡は必ず修復

切り取ったディボットは元に戻し、足で踏みつけて平らにしておく。

ディボットとは、ショットによって切り取られた芝生のこと。アイアンショットでよく起きるが、この切り取られたディボットは必ず元の場所に戻すか、バラバラになった場合は、ディボット跡に砂で目土（めつち）をしておくのがエチケットだ。

プレーヤー全員がこの修復を怠らなければ、ディボット跡からのショットに悩むこともなくなるはず。やはり「情けは人のためならず」だ。

10 バンカーならしは自分で行う

キャディー任せにせず、バンカーは自分で直す習慣をつけよう。

バンカーの周辺には、砂を平らにならすバンカーならし（レーキまたはトンボともいう）が置いてある。バンカーショットが終わったら、必ずこれでショットの跡や足跡をきれいにならしておくのがエチケットである。

なお、バンカーへ入る場合はボールに近いところからではなく、土手を傷めないよう、必ず低いところから入るのもマナーの1つだ。

Etiquette & Manner エチケット&マナー

11 グリーン上は静かに歩く

　グリーンはパットがしやすいよう、グリーンキーパーによっててていねいに整備されている。コースにとっては心臓部ともいえる大切なエリアだ。グリーンの芝は大変デリケートなため、歩行時は十分注意が必要。走ったり、飛び跳ねたりするのは無論のこと、スパイクを引きずってもいけない。

　まさかのロングパットが決まったときなど、喜びのあまりついつい飛び跳ねがちなので要注意。あくまでも静かに、ゆっくりと歩くことを心がけよう。

グリーン上ではスパイクを引きずらないよう、ヒザを上げてゆっくりと歩くこと。

12 パットの線の前後に立たない

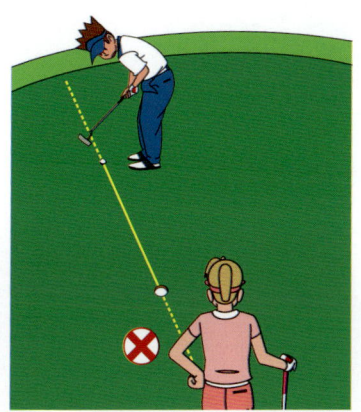

　ショット以上に神経をつかうのがパッティング。200ヤードが1打なら10cmのパットも1打。打数で勝敗を競うゴルフでは、パットが大きなカギを握っている。人がパットのアドレスに入ったらじっと見守るのがエチケットだ。

　また、パットの線の延長線上や、その後方、打つ人の正面や真後ろに立つのはマナー違反。これらに影がかかるような位置に立つのも厳禁だ。

パッティングラインの延長線上に立つのはマナー違反。打つ人の視界に入らないようなポジションをとること。

13 スコアはグリーン外でつける

　自分の組がホールアウトすると、ついそのままグリーン上で同伴競技者同士スコアの確認をしがちだが、これがスロープレーの一因ともなっている。全員がホールアウトしたら旗竿をホールに立て、すばやくグリーンを空けるのがマナー。スコアはグリーン外か、次のホールのティーインググラウンドでつければいい。

ホールアウトしたら速やかにグリーン外に出る。スコアは邪魔にならないところでつけること。

14 ローカルルールは必ず確認

OBになったら特設ティからプレーしてください

　ゴルフには本ルール（ゼネラルルール）の他に、そのコース独自のローカルルールがある。このローカルルールはプレーを円滑に進めるために、本ルールの補足として定められているもの。ローカルとはいえ、明記された条項は本ルールに優先して守らなければならないことになっている（主なローカルルールに関しては➡P235）。

ローカルルールはスコアカードに明記されているが、わからなければキャディーマスターなどに確認してからスタートすること。

PART 2
Teeing Ground

ティーイング
グラウンドでのルール

ティーインググラウンド Teeing Ground

頻度 ★★★

SCENE 01

ティー区域外から打ってしまった

状況 ティーショットの際、ティーマーカーを結んだ線より前にティーアップして打ってしまった。

罰打 2

処置法 そのショットはスコアに加えずに取り消し、再度区域内から打ち直す（打ち直しは3打目）

一般的に**ティーインググラウンド**はフェアウエーより一段高く盛り土されている場合が多いが、この部分すべてがティーインググラウンドというわけではなく、規則によって2つの**ティーマーカー**の外側を結んだラインの後方2**クラブレングス**以内と決められている。万一、この区域外からショットしてしまうと2打罰となる。

Teeing Ground ティーインググラウンド

頻度 ★★★

SCENE 02

スタンスがティー区域外に出ていた

状況 ティーアップは正しく区域内にあったが、構えた足が区域外に出たまま打ってしまった。

罰打 0

 処置法 そのままプレー続行

ティーインググラウンドの範囲は、あくまでもボールを**ティーアップ**するエリアを定めたものであるため、この区域内にボールがティーアップされていれば、**スタンス**が区域外に出ていても何ら問題はない。ティーインググラウンドはすべて平らとは限らないので、ティーアップにだけ気をつけて足場のいい地点を探すのが得策だ。

ティーインググラウンド Teeing Ground
頻度 ★★

SCENE 03

盛り上げた砂に
ボールを置いて打った

状況 ティーを忘れたので砂を盛り上げ、その上にボールを置いてショットした。

罰打 0 **処置法 そのままプレー続行**

ティーインググラウンドからの第1打を打つ場合に限り、**ティー**の上にボールを乗せて（**ティーアップ**）打つことが許されているが、このほかにも砂や土を盛り上げて代用することも認められている。また、使用クラブと異なり、ティーやグローブなどは同伴競技者から借りることも可能だ。

Teeing Ground ティーインググラウンド

頻度 ★★

SCENE 04

チョロしたので
ティーマーカーを動かして打った

状況 1打目をチョロした後、邪魔なティーマーカーを抜いてからショットした。

罰打 0 **処置法** **そのままプレー続行**

ティーマーカーはそのホールの第1打を打つまでは固定物となるため、抜いたり移動させることはできない。しかし、このケースでは次打が第2打目となるので、この場合のティーマーカーは動かせる**障害物**として移動することは可能だ。ただし、打ち終わったら必ず元の位置に戻しておくことを忘れずに。

ティーインググラウンド Teeing Ground

頻度 ★★★

SCENE 05

ティーアップしたボールの後ろの地面を直して打った

状況 ボールの後ろが盛り上がっていたのでヘッドでたたいて平らにしてから打った。

罰打 0 | **処置法** そのままプレー続行

ティーインググラウンドから第1打を打つ前のボールは、まだ**インプレーのボール**とはなっていないため、ボールの前後の地面を修復しても問題はない。また、ティーインググラウンドに限り、砂を盛り上げたりすることも認められいる。もちろん、別の場所に再度**ティーアップ**し直すこともOKだ。

Teeing Ground ティーインググラウンド

頻度 ★★★

SCENE 06

打順を間違えて打ってしまった

状況 打順を間違え、同伴競技者より先にショットしてしまった。

罰打 0 | **処置法** **そのままプレー続行**

ティーショットを打つ順番は、スタートホールではクジかジャンケンで、2番ホール以後は前ホールのスコアがよかった順に打つのが正しい打順となる。ただし、**ストロークプレー**ではこの順序を間違えても、意図的（だれかを有利にするような目的で）でなければペナルティの対象とはならない。

ティーインググラウンド Teeing Ground
頻度 ★★

SCENE 07

空振りしてしまった

状況 朝イチのショットで緊張し、見事に空振りしてしまった。

罰打 0 **処置法 同伴競技者がショットを終えてから打ち直す（ボールがじゃまになる場合はマークして拾い上げておく）**

空振りでもクラブヘッドがボールのある地点を通過してしまっていればりっぱな**ストローク**となり、1打として数えなければならない。次打は第2打目のショットとなる。ボールを打つ前の素振りはストロークには当たらないが、初心者の場合、ボールの近くでの素振りは空振りと見間違いやすいので要注意。

Teeing Ground ティーインググラウンド

頻度 ★★

SCENE 08
空振りでティーから落ちたボールを再度ティーアップした

状況 空振りでティーから落ちたボールを思わず拾い上げて、再びティーアップしてしまった。

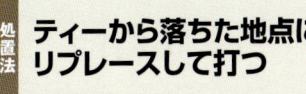

ヒョイ！

罰打 1 | **処置法** **ティーから落ちた地点にリプレースして打つ**

空振りの風圧で**ティーペッグ**から落ちてしまったボールは、その時点ですでに**インプレーのボール**となっているため、拾い上げることはできず、そのままの状態で第2打目のショットを行わなければならない。このケースのようにボールを拾い上げて再度**ティーアップ**してしまうと1打の罰となる。

ティーインググラウンド Teeing Ground

頻度 ★★★

SCENE 09

ワッグル中にティーペッグから
ボールが落ちた

状況 ワッグル中にヘッドが触れてティーからボールが落ちてしまった。

罰打 0 **処置法 再度ティーアップして打つ**

打つ前に行うワッグル（ヘッドを小刻みに動かす動作）は素振り同様**ストローク**には当たらない。また、ティーショットを打ち終わる前のボールは**インプレーのボール**ではないので、このケースのようにワッグルでうっかりヘッドが触れ、**ティーアップ**したボールが動いてしまってもペナルティの対象とはならない。

Teeing Ground ティーインググラウンド

頻度 ★★★

SCENE 10

ティーショットがOBになってしまった

状況 ティーショットがOB杭を大きく越えて崖下に落ちてしまった。

罰打 1 **処置法** **同伴競技者が打ち終わった後で打ち直す**

OB（アウトオブバウンズ）が明白である場合は1打の罰打を加えて、そのボールを最後にプレーした箇所にできるだけ近い地点からプレーし直さなければならない。このケースのようにティーショットであれば、**ティーインググラウンド**内の好きな箇所に再度**ティーアップ**してプレーすればよい。ちなみに次打は第3打目となる。

ティーインググラウンド Teeing Ground

頻度 ★★

SCENE 11

宣言せずに暫定球を打ってしまった

状況 ボールがOB方向へ飛んだので危ないと思い、勝手に暫定球を打った。

「暫定球って聞いてないよ」

罰打 0

処置法 **罰打はないが初球はセーフでも紛失球扱いとなる（次打は第4打目）**

暫定球はプレーヤーの判断でいつでも打つことができる。ただし、暫定球をプレーする場合は、あらかじめその旨を同伴競技者に宣言してから行わなければならず、宣言せずに打ってしまうと自動的に初球は放棄したものとみなされ、暫定球が**インプレーのボール**となってしまうので要注意だ。

Teeing Ground ティーインググラウンド

頻度 ★★★

SCENE 12

自分の判断で暫定球を4発も打った

状況 打てども打てどもOB方向に飛び、4発目がやっとフェアウエーに落ちた。

罰打 0

処置法 そのままプレー続行

暫定球は宣言さえすれば何度でもプレーすることができる。ただし、これは最初の球を探しに出かける前までであり、捜索の途中で気になるからといって、暫定球をプレーしに戻ることはできないので要注意。万一、戻って打ち直してしまうと初球がセーフでもその球は**紛失球**扱いとなってしまう。

ティーインググラウンド Teeing Ground
頻度 ★

SCENE 13

アンプレヤブルを宣言して違う地点にティーアップして打った

状況 アンプレヤブルを宣言して再度ティーショットを打ったが、ティーアップの位置が前と違うというクレームがついた。

「アンプレヤブルします!」

罰打 0 | **処置法** そのままプレー続行

ウォーターハザード以外であれば、プレーヤーはいつでも**アンプレヤブル**を宣言することができる。アンプレヤブルには3つの処置法があり、その中の「前位置から打ち直す」という処置を選んだ場合、**ティーインググラウンド**の範囲内であれば前位置と異なる地点に**ティーアップ**しても問題はない（もちろんアンプレヤブルの1罰打は加算される）。

PART 3
Through the Green

スルーザグリーン
でのルール

スルーザグリーン Through the Green

頻度 ★★★

SCENE 01

セーフだと思ったボールが
OBエリアに入っていた

状況 ラフで止まっていると思ったボールが、行ってみるとOB杭を越えた林の中に入っていた。

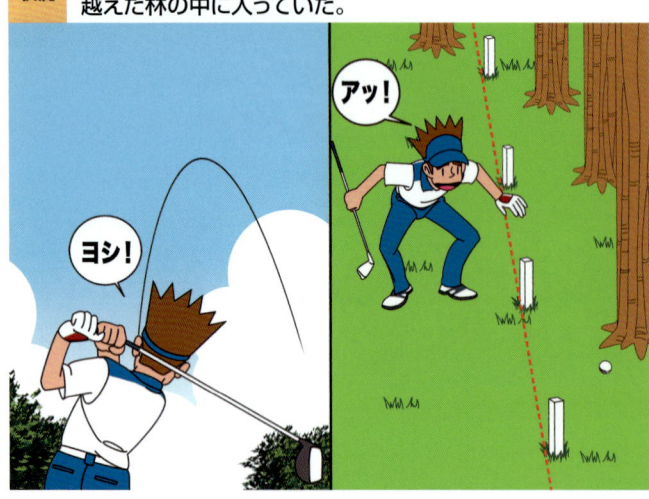

罰打 1 | **処置法** **そのボールをプレーした前位置に戻って打ち直す**

OBエリアは通常白杭によって標示されており、ここに入ったボールはプレーできず、前位置に戻って打ち直しとなる。OBとなったショットがティーショットであれば**ティーアップ**は可能。**スルーザグリーン**もしくは**ハザード**からのショットであれば、前位置に最も近い地点にボールを**ドロップ**し、**グリーン**上の場合は**プレース**してプレーする。

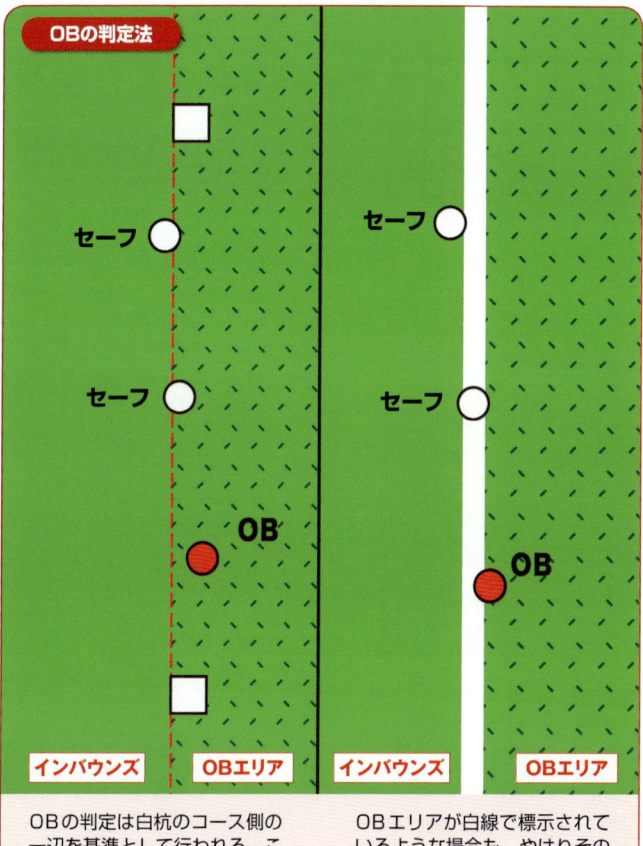

Through the Green スルーザグリーン

頻度 ★★★

OBの判定法

インバウンズ | **OBエリア** | **インバウンズ** | **OBエリア**

OBの判定は白杭のコース側の一辺を基準として行われる。このラインに少しでもボールがかかっていればセーフ、かからなければOBとなる。

OBエリアが白線で標示されているような場合も、やはりその線のコース側のラインよりボールがわずかでも出ているか否かで判断する。

スルーザグリーン Through the Green
頻度 ★★

SCENE 02

OBエリアにスタンスをとって打った

状況 ボールはセーフだったのでプレーしたところ、同伴競技者からスタンスがOBエリアに入っていたと言われた。

罰打 0 **処置法** **そのままプレー続行**

OBエリアはプレー禁止区域ではあるが、それはあくまでもボールがOBエリアにある場合だ。ティー区域外に**スタンス**をとっても問題ないように（➡P25）、ボールがインバウンズにあればOB区域にスタンスをとってプレーしても一向にさしつかえない。なお、スタンスをとる場所がない場合は、左打ちするか**アンプレヤブル**の処置をとるしかない。

Through the Green　スルーザグリーン

頻度　★

SCENE 03

邪魔なOB杭を抜いてしまった

状況 ボールはセーフだったがOB杭の近くにあって打ちづらかったため、杭を抜いたところ同伴競技者からクレームがついた。

罰打 2

処置法 抜いた杭を元に戻してからプレーする

標示杭には**修理地**を示す青杭や、**ウォーターハザード**を示す黄杭、また**ラテラルウォーターハザード**を示す赤杭などがあり、この3つはルール上**障害物**に該当するため、ボールがこの近くに止まった場合は救済処置が受けられる。しかし、**OB**を示す白杭は固定物となるので救済は受けられず、抜いた時点で上記の罰打が科せられる。

スルーザグリーン Through the Green

頻度 ★★★

SCENE 04

あるはずのボールが見つからない

状況 フェアウエーど真ん中だと思ったボールが、行ってみるとどこにも見つからない。なくなるはずはないと思うのだが……？

> どうしよう
> 見つからない

罰打 1 | **処置法** **そのボールをプレーした前位置に戻って打ち直す**

どんな状況にしろ、5分間の捜索時間を過ぎてもボールが見つからない場合は**紛失球**となり、そのボールをプレーした前位置に戻って打ち直さなければならない。前位置がティーインググラウンドなら**ティーアップ**可、**スルーザグリーン**または**ハザード**の場合は、そのボールをプレーした地点に最も近い箇所にボールを**ドロップ**してプレーする。

Through the Green スルーザグリーン

頻度 ★★

SCENE 05

初球と暫定球の区別がつかない

状況 OBのおそれがあったので暫定球をプレーしたが、行ってみると2つともセーフで区別がつかなくなってしまった。

罰打 1

処置法 どちらかのボールを任意で選び、暫定球としてプレーする

2つともセーフなので初球が生きているのは事実だが、区別がつかない場合は、公正の理念にのっとって初球を放棄し、どちらか一方を**暫定球**として扱って（**インプレーのボール**として）プレーしなければならない。こんなことにならないためにも、ショットの前にはボール番号をしっかりと確認し、暫定球は初球と異なる番号のものを使うことが大切だ。

スルーザグリーン Through the Green
頻度 ★★★

SCENE 06

暫定球を打った後に
初球が見つかった

状況 初球を2〜3分探したが見つからないので、打っておいた暫定球をプレーしたが、その直後キャディーが初球を発見した。

「ボールありました！」

罰打 1 **処置法** **暫定球をインプレーのボールとしてプレーする**

ボールの捜索にかけられる時間は5分間以内と決められているため、このケースはタイムオーバーにはあたらない。ただし、すでに捜索をあきらめて**暫定球**をプレーしてしまっているので、その時点で初球は放棄したものとみなされる。したがって、1打の罰打を加えたうえで、暫定球を**インプレーのボール**としてプレーしなければならない。

Through the Green スルーザグリーン

頻度 ★★

SCENE 07

初球よりホールに近づいて暫定球をプレーした

状況 初球がかなり先にあると思い込み、打っておいた暫定球を再びショットしたところ、その地点より後方で初球が見つかった。

これじゃない!?

罰打 1

処置法 暫定球をインプレーのボールとしてプレーする

暫定球は5分間の捜索時間内に初球が見つかるまでは何度でもプレーすることが許されている。ただし、このケースのように初球より**ホール**に近づいて暫定球をプレーしてしまうと、自動的に初球は放棄したものとみなされてしまう。また、これは実際に初球があった場所かどうかだけでなく、捜索地点よりホールに近づいてプレーした場合も同様だ。

スルーザグリーン Through the Green
頻度 ★★

SCENE 08

自分のボールかどうか
はっきりしない

| 状況 | ボールが落ちた地点を探したところ、ボールが2個並んでおり、どちらが自分のボールか分からなくなってしまった。 |

どっちだろう？

罰打 1 | **処置法** **そのボールをプレーした前位置に戻って打ち直す**

どちらかが自分のボールであることはハッキリしていても、特定できなければ**紛失球**として扱わなければならず、1打のペナルティを科したうえで上記の処置をとることになる。これを防ぐためにもショットの前には自分のボール番号をしっかり確認するとともに、**同伴競技者**と同じブランドであればマジック等で目印を付けておくくらいの配慮が必要だ。

Through the Green スルーザグリーン

頻度 ★★

SCENE 09

初球が見つかったが打ちにくいので暫定球でプレーした

状況 初球がラフにある木の根本で見つかったが、打ちにくいのでフェアウエーにある暫定球を選んでショットした。

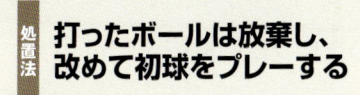

こっちで打とう！

罰打 2

処置法 打ったボールは放棄し、改めて初球をプレーする

暫定球は初球が**OB**もしくは**紛失球**になるおそれがある場合に打っておく仮の球であり、初球がインバウンズで見つかった場合は暫定球は放棄しなければならない。このケースではそれをせずに暫定球をプレーしてしまったので、**誤球**によるペナルティが科せられる。なお、初球がどうしても打てない状況であれば、**アンプレヤブル**の処置をとるしかない。

スルーザグリーン Through the Green
頻度 ★★★

SCENE 10
ホールから遠い同伴競技者より先に打ってしまった

状況 後方にいた同伴競技者に気づかず、そのプレーヤーより先にホールに近い自分のボールをショットしてしまった。

「僕が先なのに・・・！」

罰打 0 **処置法** **そのままプレー続行**

ストロークプレーの場合、ホールより遠い人から順に打つ"遠球先打"はあくまでも原則であり、誤ってこれに違反してもペナルティの対象とはならない。ただし、特定のプレーヤーを有利にする目的で（風向きや強さを知らせるなど）、意図的に打順を替えてプレーした場合は、それに関連したプレーヤーすべてが競技失格となるので要注意。

Through the Green スルーザグリーン

頻度 ★★★

SCENE 11

間違えて同伴競技者のボールを打ってしまった

状況 ボール番号をよく確認せず、自分のボールだと思い込んで同伴競技者のボールを打ってしまった。

> そ、それ僕のボール・・・

罰打 2 | **処置法** 改めて自分のボールをプレーし直す

これは明らかな**誤球**のプレーとなるケース。ついうっかりであっても、自分の**インプレーのボール**以外のボールをショットしてしまえば上記のペナルティは免れない。打ち直さずに次の**ホール**の**ティーショット**を打ってしまうと（最終ホールでは**グリーン**を離れると）競技失格となる。なお、誤球をプレーした打数はスコアには算入されない。

スルーザグリーン Through the Green

頻度 ★

SCENE 12

木の枝にボールが引っかかってしまった

状況 木の方向にボールが飛び、行ってみると枝の間に引っ掛かっていた。自分のボールであることは明白なのだが……。

救済の有無

無

処置法

そのままプレーするか アンプレヤブルの処置をとる

残念ながらこのケースでは無罰での救済は受けられず、そのままの状態でプレーするしかない。木の上にあるとはいえ、そのボールは**インプレーのボール**であるため、木を揺すってボールを落とすと1打のペナルティが科せられるので要注意。どうしても打てなければ1打のペナルティを払って、**アンプレヤブル**の処置をとることになる(➡P51)。

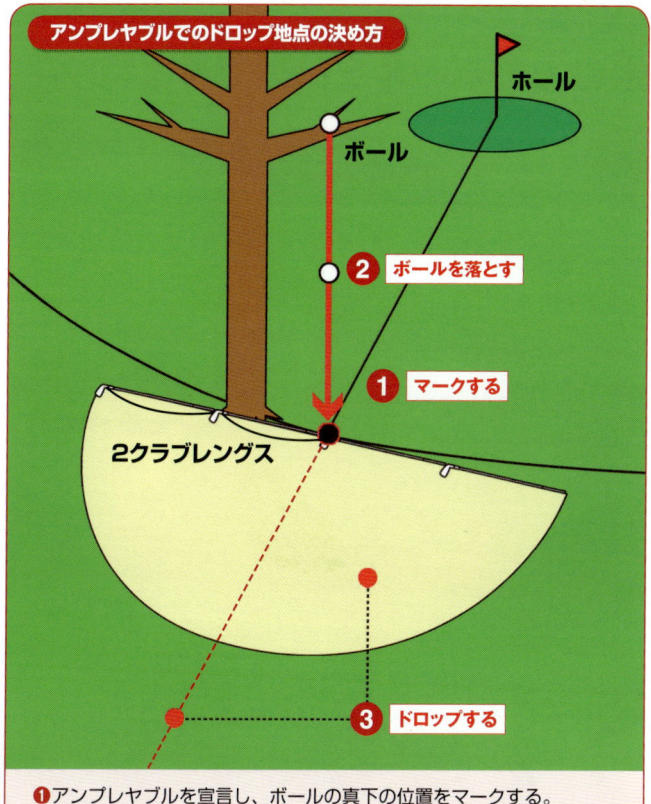

Through the Green スルーザグリーン

頻度 ★★★

アンプレヤブルでのドロップ地点の決め方

- ホール
- ボール
- **2** ボールを落とす
- **1** マークする
- 2クラブレングス
- **3** ドロップする

❶ アンプレヤブルを宣言し、ボールの真下の位置をマークする。
❷ 枝を揺するかクラブなどを使ってボールを落とす。
❸ マークの位置から2クラブレングス以内で、ホールに近づかないエリアもしくは、ホールとマークとを結んだ後方延長線上のどちらかにボールをドロップする。なお、プレーを遅延させなければそのボールをプレーした前位置に戻って打ち直すことも可能。

スルーザグリーン Through the Green
頻度 ★★

SCENE 13

木の上のボールを確認できない

| 状況 | ラフにある木の方向に飛んだボールが見つからない。たぶん木に引っ掛かっていると思うのだが……。 |

「この木の中に落ちたんだけど・・・」

罰打 1 | **処置法** そのボールをプレーした前位置に戻って打ち直す

この場合は**アンプレヤブル**の処置はとれず、**紛失球**として処置しなければならない。アンプレヤブルは**ウォーターハザード**以外なら、プレーヤーの判断でいつでも宣言することができるが、これはあくまでも自分のボールが確認された上でのこと。「たぶん」では適用されない。前位置から打ち直す処置を選べば結果は同じだが、該当するルールは異なる。

Through the Green スルーザグリーン

頻度 ★★

SCENE 14

木の支柱がショットの邪魔になる

状況 木の近くに飛んだボールが、立てかけられた支柱にくっつくように止まってしまった。支柱さえなければ打てるのだが……。

救済の有無

有

処置法 **ニアレストポイントを決め、そこから1クラブレングス以内でホールに近づかない地点にボールをドロップしてプレーする**

樹木の保護のために設けられた支柱は人工物であるから、これらがスイングの妨げになる場合は動かせない**障害物**として、**ホール**に近づかずにその障害を避け、かつボールの止まっている地点に最も近い箇所をコース上に決め、そこから1**クラブレングス**以内に無罰で**ドロップ**してプレーすることができる（**アドレス**で**スタンス**がかかる場合も救済可）。

スルーザグリーン Through the Green

頻度 ★★

SCENE 15

支柱だけでなく樹木自体が障害になる

状況 前ページと同じような状況だが、さらにボールが木に近づいて止まっていて、支柱がなくても打てそうにない。

救済の有無 **無**

処置法 そのままプレーするか、アンプレヤブルとして処置

支柱さえあればいつでも救済が受けられると考えている人が多いが、これは大きな間違い。このケースのように木そのものが障害で、かりに支柱がなくても打てないような状況であったり、通常のショットには不必要なスタンスをとったときのみ支柱がじゃまになるといったようなケースでは、動かせない**障害物**からの救済処置は受けられない。

Through the Green スルーザグリーン

頻度 ★★★

SCENE 16

マークせずにボールを拾い上げてしまった

状況 止まっているボールが自分のものかどうか分からなかったので、拾い上げて番号を確認した。

罰打 1 **処置法** **元の位置にリプレースしてプレーする**

このケースのように自分のボールかどうかを確認する場合や、他のプレーヤーのプレーの妨げまたは援助となるケースでは、ボールの拾い上げは認められている。ただし、このように**リプレース**を要求するルールに基づいてボールを拾い上げる場合は、必ずその位置を**マーク**してからでなければならず、これに違反すると上記のペナルティが科せられる。

スルーザグリーン Through the Green

頻度 ★★★

SCENE 17

カート道路にボールが止まってしまった

状況 ホールの横を走る舗装されたカート道路にボールが止まってしまった。

救済の有無

有

処置法 ニアレストポイントを決め、右ページのエリアにボールをドロップしてプレーする

ルール上、人工物であるカート道路は動かせない**障害物**にあたるため、ボールがここに止まってしまった場合は、罰なしに**救済のニアレストポイント**から1**クラブレングス**以内で、**ホール**に近づかずにその障害を避けられる地点（**ハザード**と**グリーン**以外の場所）にボールを**ドロップ**してプレーすることができる（➡P57）。

Through the Green スルーザグリーン

頻度 ★★★

ドロップエリアの決め方

① ニアレストポイントをマーク / ボール / カート道路 / ホール方向

② 1クラブレングス / ドロップ

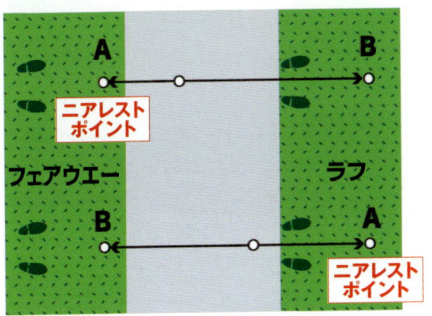

A — B
ニアレストポイント
フェアウエー / ラフ
B — A
ニアレストポイント

① ニアレストポイントを決め、ティペッグかコインなどでその位置をマークする。
② ニアレストポイントよりホールに近づかずにその障害を避けられる1クラブレングスのエリア内にドロップする。

ニアレストポイントの位置でドロップエリアは決まる
道路のどちら側にドロップするかは、ニアレストポイントがどこかによって必然的に決まってくる。図のようなケースではともにA点がニアレストポイントとなるので、ドロップエリアは上はフェアウエー、下はラフとなる。

スルーザグリーン Through the Green

頻度 ★★★

SCENE 18

修理地にボールが止まっている

状況 打ったボールが、芝がはげ、青杭で標示されている区域に入ってしまった。

救済の有無	処置法	ニアレストポイントを決め、そこから1クラブレングス以内でホールに近づかずに障害を避けられる地点にドロップする
有		

修理地は通常、青杭または白線で標示されており、ボールがここに入った場合は、罰なしに救済を受けることができる。**ドロップ**はカート道路に止まったときと同様のエリア内で行えばよい（➡P57）。なお、標示がなくても、ほかに移すために一時的に積み上げてある物（工事のための資材など）や、グリーンキーパーが作った穴なども修理地に含まれる。

Through the Green スルーザグリーン
頻度 ★★

SCENE 19
アドレスをとるとスタンスが修理地にかかってしまう

状況 ボールは修理地の外に出ているのだが、アドレスをとろうとするとスタンスが修理地に入ってしまう。

救済の有無 **有** **処置法** ニアレストポイントを決め、そこから1クラブレングス以内でホールに近づかずに障害を避けられる地点にドロップする

修理地や動かせない**障害物**からの救済では、ボールがその状態にあるときだけでなく、**アドレス**をとったときに**スタンス**がかかる場合や、スイングの妨げになるようなケースでも罰なしに救済を受けることが可能。ただし、極端に変則的なスタンスをとるとか、わざと左打ちしようとするなど、意図的に状況をよくする目的で行った行為についてはもちろん不可。

スルーザグリーン Through the Green
頻度 ★★

SCENE 20

修理地の青杭を抜いて打った

状況 ボールは修理地外だったが、青杭がショットの邪魔になったので抜いてからショットした。

罰打 0

処置法 **そのままプレー続行**

OBエリアを標示する白杭を除き、**修理地**を示す標示杭は、ルール上、**障害物**とみなされるため、プレーに支障をおよぼす場合は抜いて打っても一向に差し支えない。また、地中深く刺さっていて簡単に抜けないような場合はカート道路同様、ボールをドロップしてプレーすることもできる（➡P57）。

Through the Green スルーザグリーン

頻度 ★★★

SCENE 21

マンホールのふたの上に ボールが止まってしまった

状況 フェアウエーにある排水用のマンホールのふたの上にボールが止まってしまった。

救済の有無

有

処置法 ニアレストポイントを決め、そこから1クラブレングス以内でホールに近づかずに障害を避けられる地点にドロップする

マンホールにかけられている鉄製のふたは、カート道路同様**障害物**に該当するため、ここにボールが止まったり、スイングの妨げになるような場合は、罰なしに上記の救済を受けることができる。余談だが**ドロップエリア**の範囲は、無罰で救済を受けられる場合は**1クラブレングス**、ペナルティを払う場合は2クラブレングスと覚えておくとよい。

スルーザグリーン Through the Green
頻度 ★★

SCENE 22

うっかり自分のボールを動かしてしまった

状況 ラフに落ちた自分のボールを探しているうち、ついうっかり足がボールに触れ、ボールが動いてしまった。

罰打 1 | **処置法** 元の地点にボールをリプレースしてプレーする

意図的でなくても、自分の**インプレーのボール**を動かしてしまえば上記のペナルティは免れない。なお、注意しなければならないのは**リプレース**のしかた。リプレースとは単に元の位置にボールを置くのではなく、「できる限り元の状態に近づけて置き直す」ということ。したがって、元の状態がラフに沈んでいたのなら、それを再現しなければならない。

Through the Green スルーザグリーン

頻度 ★

SCENE 23

同伴競技者のボールを蹴飛ばしてしまった

状況 林の中に打ち込んだ同伴競技者のボールを探していたところ、うっかりボールを蹴飛ばしてしまった。

罰打 0

処置法 そのボールのプレーヤーがボールをリプレースする

動かしたボールは**同伴競技者**のものであるため、ペナルティは科せられず、動いたボールを元の位置に**リプレース**してプレーすればよい。なお、このリプレースは動かした人が行うのではなく、あくまでもボールの持ち主が行うこと。また、このケースでボールを動かしたのが**キャディー**であった場合は、ボールの持ち主に1打のペナルティが科せられる。

スルーザグリーン Through the Green

頻度 ★★

SCENE 24

ボールを確認するため
ラフの芝をかき分けた

状況	ボールが深いラフの中に入っていて自分のものかどう分からなかったので、少し芝をかき分けて確認した。

罰打 0 | **処置法** そのままプレー続行

自己のボールを識別する目的であれば、このケースのように芝をかき分けてもペナルティは科せられない。ただし、その範囲はあくまでも識別が可能な限度内であって、打ちやすくするためにボールの前後の芝を踏みつけて平らにならすといった行為は認められていない。万一こんなことをすると**ライの改善**と見なされ、2打のペナルティが科せられる。

Through the Green スルーザグリーン

頻度 ★

SCENE 25

もぐらの掘った穴の近くに
ボールが止まってしまった

状況 林に入ったボールを探したところ、もぐらが掘った穴の近くにボールが止まっていた。

救済の有無

有

処置法 ニアレストポイントを決め、そこから1クラブレングス以内でホールに近づかずに障害を避けられる地点にドロップする

もぐらなどの**穴掘り動物**が作った穴やこれらの通り道、また、掘り出された土などがプレーの妨げとなる場合は、罰なしに上記の救済が受けられる。処置法は**修理地**にボールが入った場合と同様と考えればよく、**スタンス**がかかる場合も救済される。もぐらの穴かどうか判断が難しい場合は、**キャディー**などに確認してから救済処置をとることが大切だ。

スルーザグリーン Through the Green

頻度 ★★

SCENE 26

ショットの勢いでボールがフェアウエーに食い込んでしまった

状況 ナイスショット！　と思って行ってみると、雨上がりでぬかるんでいたフェアウエーにボールがめり込んでいた。

救済の有無

有

処置法 **ボールを拾い上げ、ホールに近づかずにその地点から最も近い所にドロップする（ボールを拭くことも可）**

ショットの勢いでフェアウエーにボールがめり込んでしまった場合は、罰なしに上記の救済が受けられる。雨の日などによく起こるケースだ。ただし、この救済が受けられるのは**スルーザグリーン**の中のフェアウエーか、それ以下に芝が短く刈られた場所だけ。ラフや林などではこの処置はとれないので要注意。もちろん、**バンカー**の"目玉"などは対象外だ。

Through the Green **スルーザグリーン**

頻度 ★★

SCENE 27

ボールの後ろのラフを踏みつけて打った

状況 ラフにあるボールの後方に2、3本長い草が生えており、打ちづらかったので踏みつけ、平らにならしてからショットした。

ギューーッ!

罰打 2 **処置法** **そのままプレー続行**

「ボールはあるがままの状態でプレーする」というのがゴルフゲームの基本中の基本。このケースのように打ちにくいからといって**ライの改善**行為には上記のペナルティが科せられる。また、**ハザード**を除き、**アドレス**でクラブをソールすることは認められているが、必要以上に強くヘッドを地面に押しつけると、やはり上記のペナルティとなる。

スルーザグリーン Through the Green
頻度 ★★

SCENE 28

カラスがボールをくわえて飛んでいってしまった

状況 ナイスショット！ とフェアウエーに止まったボールを見ていたところ、カラスがそのボールをくわえて飛んでいってしまった。

救済の有無

有

処置法 罰なしに、ボールがあったと思われる地点に別のボールをドロップしてプレーする

カラスや犬、猫などの動物はルール上**局外者**として扱われ、**インプレーのボール**がこれら局外者によって動かされたり、方向を変えられた場合、動かされたボールは罰なしに**リプレース**することができる。ただし、このケースのようにボールが取り返せず、正確な位置が分からないような場合は、上記の処置をとることになる。

Through the Green スルーザグリーン

頻度 ★★

SCENE 29

切り倒された木の近くに
ボールが止まってしまった

状況 ラフに飛んだボールを探したところ、グリーンキーパーによって切り倒された樹木に寄り添うように止まっていた。

救済の有無

有

処置法 ニアレストポイントを決め、そこから1クラブレングス以内でホールに近づかずに障害を避けられる地点にドロップする

切り倒された樹木や、枯れ落ちた枝などの自然物は**ルースインペディメント**に該当するため、プレーに支障があればいつでも取り除くことができる。しかし、このような大木を動かすのは至難の業。そこで、このように他に移動する目的で一時的に置かれている物に関しては、それ自体を**修理地**として扱い、上記の処置がとれることになっている。

スルーザグリーン Through the Green

頻度 ★★

SCENE 30

作業車に当たったボールが
OBになってしまった

状況 フェアウエーから打ったボールがシャンクし、ラフで作業していた車に当たってOBエリアに入ってしまった。

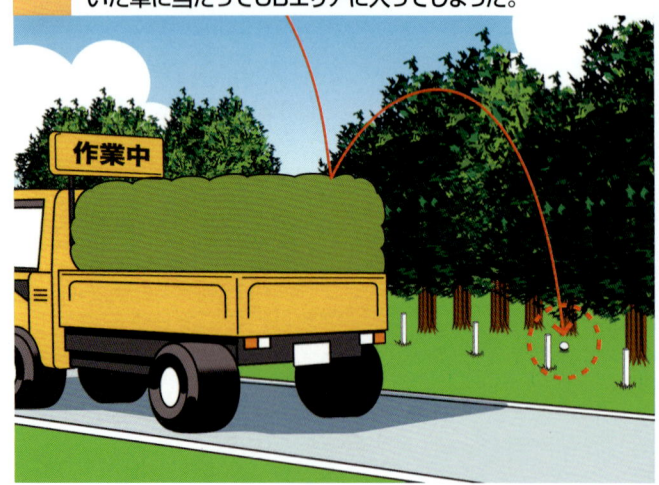

罰打 1 | **処置法** そのボールをプレーした前位置にボールをドロップしてプレーする

この作業車のようにプレーに関係のない人や物は、ルール上**局外者**に該当し、これらにボールが当たった場合は**ラブオブザグリーン**となる。したがって、本来はボールが止まったところからプレーを続けることになるのだが、**OB**となってしまえばそのままプレーすることはできないので、上記の処置となる。木に当たってOBになったのと同じことだ。

Through the Green スルーザグリーン

頻度 ★★

SCENE 31

方向がわかるようクラブを置いて打った

状況 打ち上げのホールでピンの方向が見えなかったので、予備のクラブをピン方向に向けて置き、目印にしてショットした。

罰打 2 | **処置法** そのままプレー続行

打つ方向を確認するため、事前にクラブなどを置いてチェックすること自体はルールに抵触しないが、その目印を置いたままショットしてしまうと上記のペナルティが科せられるので要注意だ。また、**キャディー**や**同伴競技者**に方向を指示させた場合も同様で、指示した人に退いてもらってからショットしないと、同様のペナルティとなる。

スルーザグリーン Through the Green

頻度 ★★★

SCENE 32

ボールの後ろの小枝を取り除いてから打った

状況 ショットしようとしたところ、ボールのすぐ後ろに小枝があったので取り除いてから打った。

罰打 0 | **処置法** そのままプレー続行

落ちている小枝や枯れ葉、小石などの**ルースインペディメント**は、いつでも取り除くことが許されている（**ハザード**にボールがある場合は、そのハザード内のルースインペディメントは取り除き不可）。ただし、ボールに触れているルースインペディメントを取り除く際、誤ってボールを動かしてしまうと1打のペナルティが科せられるので要注意。

Through the Green スルーザグリーン

頻度 ★

SCENE 33

ボールの後ろに埋まっていた小石を取り除いてから打った

状況 ボールの真後ろに小さな小石が埋まっており、ヘッドに当たりそうだったのでグリーンフォークで取り除いてからショットした。

罰打 2 **処置法** **そのままプレー続行**

このケースで問題になるのは、その小石が地面に埋まっていたという点。単に落ちていたのなら**ルースインペディメント**にあたるため取り除いても無罰だが、グリーンフォークを使って掘り起こさなければならないような小石は、ルースインペディメントには該当しない。したがって、このケースは**ライの改善**とみなされ、上記のペナルティの対象となる。

スルーザグリーン Through the Green

頻度 ★★★

SCENE 34

水溜まりにボールが入ってしまった

状況 フェアウエーど真ん中と思ったボールが、行ってみると昨夜の雨でできた水溜まりに入っていた。

救済の有無

有

処置法 ニアレストポイントを決め、そこから1クラブレングス以内でホールに近づかずに障害を避けられる地点にドロップする

雨などでできた一時的な水溜まりは、ルール上**カジュアルウォーター**となり、ここにボールが入ったり、通常の**アドレス**で**スタンス**がかかるような場合は、罰なしに上記の救済が受けられる。また、一見して水がなくても、スタンスをとるとに水がしみ出てくるようなら救済は可能だ(ただし、**同伴競技者**にその状態を確認させるように心がけること)。

Through the Green スルーザグリーン

頻度 ★

SCENE 35

修理地に入ったボールが見つからない

状況 白線で囲まれた切り芝の中に飛び込んだボールが見つからない。入ったことはキャディーも目撃しているのだが。

救済の有無

有

処置法 ボールが最後に修理地の外側の縁を横切った地点を基点としてニアレストポイントを決め、修理地からの救済処置をとる

白線で囲まれたエリアは**修理地**となるため、ボールさえ見つかれば修理地からの救済を受けられるのだが、ボールが見つからないとなると**ドロップ地点を決定する救済のニアレストポイント**の位置が決められないことになる。そこで、このケースでは上記のように処置することになっている。なお、この救済は入ったことが明確な場合にのみ受けられる。

スルーザグリーン Through the Green

頻度 ★★★

SCENE 36
同伴競技者に使ったクラブの番手を聞いた

状況 先に打った同伴競技者のショットが見事ピンそばに。そこで「何番で打った?」と聞いたところ「8番」と答えた。

罰打 2（両者とも）

処置法 そのままプレー続行

プレーヤーは正規のラウンド中、自分の**キャディー**やパートナー以外からプレーの方法や決定に対して**アドバイス**を求めてはならないことになっており、このケースは明らかな規則違反。なお、問いかけに対して答えなければアドバイスは成立しないので、単に尋ねただけでは罰はないが、答えてしまえば両者ともに2打のペナルティが科せられる。

Through the Green スルーザグリーン

頻度 ★★

SCENE 37

同伴競技者にグリーンまでの距離を聞いた

状況 距離がわからなかったので、メンバーである同伴競技者にボール近くの樹木からグリーンまでの距離を聞いた。

あの木から
どのぐらい
あります？

罰打 0　**処置法** **そのままプレー続行**

グリーンやバンカーの位置、方向といった"周知の事実"を聞くことはアドバイスには該当しないため、ペナルティとはならない。ただし、「手前のバンカーは深いから大きめに打ったほうがいいよ」などと、プレーの方法に関しての助言が加わると、教えたほうに2打のペナルティが科せられる。親切が仇となることもあるのでご注意を。

スルーザグリーン Through the Green

頻度 ★★

SCENE 38

ボールが泥だらけで
はっきり確認できない

状況 ぬかるんだフェアウエーに落ちたボールに泥が付いてしまい、ボール番号が確認できなくなってしまった。

救済の有無

有

処置法 **マークしてボールを拾い上げ、確認できる限度内で付いた泥を落とした後、リプレースする**

この場合注意しなければならないのは、ボールの拾い上げや**リプレース**の際には、**マーカー**または**同伴競技者**に立ち会いを求めなければならないということ。勝手に拾い上げてしまうと1打のペナルティが科せられる。また、付着した泥を拭けるのは自分のボールかどうかを確認できる限度内でなければならず、きれいにしてしまうと同様の罰となる。

Through the Green スルーザグリーン

頻度 ★★

SCENE 39

別のボールをドロップした直後に初球が見つかった

状況 林に入ったボールを1〜2分探したが見つからないので別のボールをドロップした直後、キャディーが初球を見つけた。

罰打 1

処置法 初球を放棄し、ドロップしたボールでプレーする

このケースでは、**キャディー**がボールを見つけたのが捜索のために認められている5分間以内であったとしても、別のボールを**ドロップ**してしまえばその時点で初球は放棄したものとみなされ、1打のペナルティを科したうえでドロップしたボールが**インプレー**となる。セーフだとばかりに喜んで初球をプレーしてしまうと、**誤球**のプレーとなるので要注意。

スルーザグリーン Through the Green
頻度 ★★

SCENE 40

ポケットから出したボールを腰の高さからドロップした

状況 アンプレヤブルのドロップをしようと思ったが、後続組が迫っていたのでポケットから出したボールをポイと放り投げた。

罰打 0

処置法 ボールを拾い上げ、再度正しい方法でドロップし直す

このケースでは、**ドロップ**のしかた自体はルールに抵触しているが、まだそのボールをプレーしていないので、上記の処置をとればペナルティは科せられない（万一、そのままプレーしてしまうと1打の罰となる）。正しいドロップのしかたは次ページの通り。なお、ドロップはあくまでもそのボールの持ち主が行わなければならないことになっている。

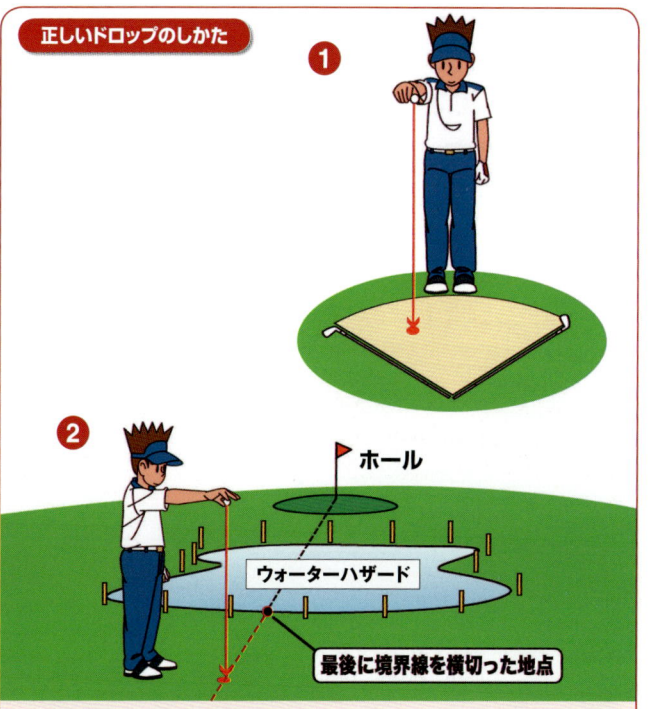

Through the Green スルーザグリーン

正しいドロップのしかた

❶

❷

ホール

ウォーターハザード

最後に境界線を横切った地点

❶ドロップエリアが定められているケース
　1クラブレングスや2クラブレングスなど、ルールによりドロップの範囲が定められている場合は、その範囲内にボールが直接落ちるような位置に立ち、腕を肩の高さでいっぱいに伸ばしてドロップする。

❷後方線上にドロップするケース
　アンプレヤブルやハザードに入った場合など、ホールとボール(または境界点)との延長線上にドロップすることが求められるケースでは、そのライン上にボールが直接落ちるような位置に立ってドロップする。

スルーザグリーン Through the Green
頻度 ★★

SCENE 41
ドロップしたボールが足に当たって止まった

状況 傾斜地でドロップしたところボールが転がり、自分のスパイクに当たって止まった。

罰打 0 | **処置法** ボールを拾い上げて再ドロップする

ドロップしたボールが、**コース**上に落ちる前や後にプレーヤー自身やクラブ、キャディーバッグなどの**携帯品**、または自分の**キャディー**などに当たって停止した場合は、再ドロップしなければならない。そのままプレーしてしまうと2打罰となる。正しい方法（➡P81）であれば体の向きは自由なので、ドロップエリアの真横に立って行うとよい。

Through the Green スルーザグリーン

頻度 ★

SCENE 42

ドロップしたボールがカートに当たって止まった

状況 カート道路からの救済を受けようとしてドロップしたところ、ボールが転がって共用カートに当たってしまった。

罰打 0

処置法 ボールを拾い上げて再ドロップする

共用カートはルール上、プレーヤーの**携帯品**とみなされるため、このケースも再**ドロップ**となる。万一、当たったボールがすぐに取り戻せないような所に入った場合は、別のボールに取り替えることができる。また、この場合の再ドロップは、何回行っても問題ない。ともあれ、ドロップするときには周囲に十分注意してから行うことが大切だ。

スルーザグリーン Through the Green

頻度 ★★

SCENE 43

ドロップしたボールがハザードに転がり込んだ

状況 池近くの斜面からドロップしたところ、ボールが池に転がり込んでしまった。

罰打 0

処置法 ボールを拾い上げて再ドロップする

これも再ドロップが求められるケース。これ以外にも**スルーザグリーン**に**ドロップ**すべきボールが**グリーン**に転がり込んだり、**OB**エリアに入ってしまった場合なども、罰なしに再ドロップすればよい。ドロップはあくまでも救済処置のひとつであり、ルールで許された範囲内にのみ行うことができるもの。プレーを有利にするために行うものではない。

Through the Green スルーザグリーン

頻度 ★★★

SCENE 44
ドロップしたボールが5m以上転がった

状況 急斜面からのドロップで、落ちたボールがコロコロと5m以上転がってしまったのだが。

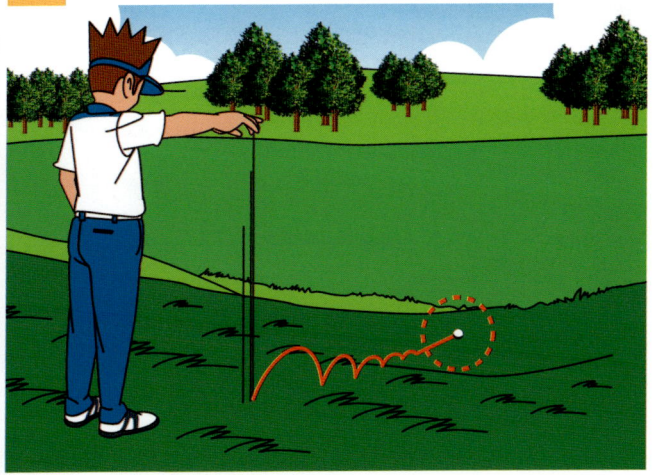

罰打 0

処置法 ボールを拾い上げて再ドロップする

ドロップしたボールが最初に地上に落ちた地点より2**クラブレングス**以上転がった場合は、やはり再ドロップとなる。距離を測るためのクラブは何を用いてもいいが、このケースのように5m以上転がったとなると、仮にドライバーで測ったとしてもその範囲は越えているので、再ドロップは避けられない。

スルーザグリーン Through the Green

頻度 ★★★

SCENE 45

再ドロップしたボールが止まらない

状況 ドロップしたボールが規定以上に転がったので再ドロップしたが、また同じようなところまで転がってしまった。

「また止まらない」

救済の有無

有

処置法 再ドロップでボールが最初に地面に落ちた箇所にプレースする

スルーザグリーンで再**ドロップ**したボールが、再び**ハザード**や**グリーン**に転がり込んだり、2**クラブレングス**以上転がった場合は、罰なしに上記の処置をとればいい。なお、「どうせまた転がるから」などと、1度目のドロップでボールを**プレース**したり、転がらないようにしゃがんでドロップすると、2打のペナルティが科せられるので注意が必要だ。

Through the Green スルーザグリーン

頻度 ★★★

SCENE 46

間違った場所にドロップしてしまった

状況 処置のしかたを間違え、本来ドロップすべき箇所ではない地点にドロップしてしまった。

> ドロップはそこじゃないよ！

罰打 0

処置法 ボールを拾い上げて、正しい地点に再ドロップする

いわゆる"誤所"にドロップをしてしまったわけだが、このケースもまだそのボールをプレーしていないので、その後に誤りを訂正し、上記の処置をとればペナルティは科せられない。なお、これは規則に基づいてボールをプレースする場合も同様。万一、そのまま打ってしまうと、**誤所からのプレー**となって2打のペナルティが科せられる。

スルーザグリーン Through the Green
頻度 ★★

SCENE 47
ディボット跡をならしてから
ドロップした

状況 ニアレストポイントの近くにディボット跡があり、目土が盛り上がっていたので平らにならしてからドロップした。

罰打 2 | **処置法** そのままプレー続行

ドロップエリアは、その後自分がプレーを行う区域であるため、このケースは**ライの改善**とみなされ、上記のペナルティが科せられる。ドロップの前にエリア内のラフを強く踏みつけたり、邪魔な小枝を折るなども同様だ。救済処置によるドロップだとしても、プレーを有利にするような行為は厳禁だ。

Through the Green スルーザグリーン

頻度 ★★

SCENE 48

ラフからドロップしたボールが
フェアウエーに止まった

状況 ラフにあったボールをドロップしたところ、フェアウエーに止まった。ルールで認められている範囲ではあるのだが……。

罰打 0

処置法　そのままプレー続行

このケース、一見プレーを有利にするようにも思えるが、ルール上、ラフとフェアウエーには区別はなく、ともに**スルーザグリーン**となる。したがって、規則通りにドロップした結果であれば何も問題はない。確かにラッキーだが、逆のケースも十分あり得る。このあたりの運、不運は、大自然を相手にするゴルフゲームならではといえるかもしれない。

スルーザグリーン Through the Green
頻度 ★★

SCENE 49

止まっていたボールが突風で動いた

| 状況 | ボールを打とうとしたところ、突風でボールが20～30cm転がった。まだアドレスには入っていなかったが……。 |

「ウワッ！」

罰打 0

処置法 ボールが止まったところからプレーを続ける

ゴルフは自然を相手にするスポーツなので、雨や風はつきもの。このような自然現象によって起きたことは、そのまま受け入れなくてはならない。結果としてプレーしにくい状態になろうが、逆に有利になろうが関係なく、ボールが止まったところからプレーを続けることになる。万一、**OB**エリアに転がり込めばOBだし、**ホール**に入ればホールインとなる。

Through the Green スルーザグリーン

頻度 ★★

SCENE 50

アドレスをとったらボールが動いた

> **状況** 斜面に止まっていたボールを打とうとしてアドレスしたところ、突然ボール動き出した。

「さ、触ってないのに！」

罰打 1 **処置法** ボールをリプレースしてプレーする

斜面に限らず深いラフなどで**アドレス**した際、何かのはずみでボールが動いてしまうことがある。このような場合、理由のいかんを問わず1打のペナルティーが科せられ、動いたボールは**リプレース**してプレーしなければならない。明らかに、風など自然現象が原因だとしても、アドレス後にボールが動くと、プレーヤーの責任となるから注意が必要だ。

スルーザグリーン Through the Green

頻度 ★

SCENE 51

バックスイング後ボールが動いたがそのままショットした

状況 バックスイングを開始したところ、風でボールが少し動いたのだがスイングを止められず、そのまま打ってしまった。

罰打 1 **処置法** そのままプレー続行

前ページのように、**アドレス**をとった後にボールが動いた場合は、1打の罰を科したうえで、動いたボールは**リプレース**しなければならないのだが、すでにスイングを開始した後にボールが動き、さらにそれを打ってしまった場合はペナルティはつくものの、リプレースの必要はない(スイングを途中で止めた場合は、リプレースとなる)。

Through the Green スルーザグリーン

頻度 ★

SCENE 52

ボールの後ろの鉛筆を取り除いたらボールが動いた

状況 ボールに寄りかかるようにして落ちていたスコア記入用の鉛筆を取り除いたところ、ボールが動いてしまった。

アッ！

罰打 0　**処置法** ボールをリプレースしてプレーする

鉛筆やタバコの吸い殻などの人工物は、ルール上**障害物**に該当するため、いつでも取り除くことができる。また、その取り除きの際、万一ボールが動いてもペナルティはない。ここが**ルースインペディメント**と障害物の相違点だ（→P72）。ゴルフルールは難解な点も多いが、用語の定義をしっかりと覚えておけば、処置に迷うことも少なくなるはずだ。

スルーザグリーン Through the Green

頻度 ★★★

SCENE 53

アドレスでソールしたら
ヘッドがボールに触れた

状況 ショットしようとしてクラブをソールしたところ、クラブヘッドがボールに触れた。幸いボールは動かなかったのだが……。

アッ！

コツン！

罰打 0 | **処置法** そのままプレー続行

アドレスなどで、誤ってクラブヘッドがボールに触れても、その結果としてボールが動かなければペナルティの対象とはならない。また、触れた際にボールが多少揺れても元の位置に戻ればやはり無罰だ。しかし、ラフなどでクラブをソールした際、浮いていたボールが沈むと上下に動いたと見なされ、1打のペナルティが科せられるので要注意。

Through the Green スルーザグリーン

頻度 ★★

SCENE 54

打ったボールが木に跳ね返り体に当たってしまった

状況 強引に木の間をねらって打ったボールが木に当たり、跳ね返ったボールが体に当たってしまった。

罰打 1 **処置法** **ボールが止まったところからプレーを続ける**

このケースは、ルール上プレーヤー自身が自己の動いている**インプレーのボール**を止めたことになるため、上記のペナルティとなる。林の中からのショットなどではよく起こるケースだ。当たりどころによっては大きなケガにつながることもあるが、コンペなどでは、むしろボールが当たったことによる痛みより、スコア的な痛みのほうが勝るかもしれない。

スルーザグリーン Through the Green

頻度 ★★

SCENE 55

打ったボールが同伴競技者に当たってしまった

状況 シャンクしたボールが近くにいた同伴競技者に当たってしまった。

罰打 0

処置法 ボールが止まったところからプレーを続ける

このケースはいわゆる**ラブオブザグリーン**に該当するため、罰なしに上記の処置をとればよい。「自分に当たって罰がつくのに、人に当てて無罰なんて……」と思うかもしれないが、**ストロークプレー**の場合**同伴競技者**は木や石と同じだ。ただし、プレーヤーには安全を確認する義務があるので、ショットに際しては細心の注意が必要だ。

Through the Green スルーザグリーン

頻度 ★

SCENE 56

打ったボールがキャディーに当たってしまった

状況 ミスショットが続き、慌てて打ったボールがキャディーに当たってしまった。

罰打 1 **処置法** **ボールが止まったところからプレーを続ける**

ルール上**キャディー**はプレーヤーと同様にみなされるため、上記のペナルティとなる。ただし、**同伴競技者**とキャディーを共用する、いわゆる共用キャディーで、ボールが当たったときに他のプレーヤーのために動いていた場合は、一時的に**局外者**とみなされるのでペナルティは科せられない。

スルーザグリーン Through the Green
頻度 ★★

SCENE 57

打ったボールがカートに
当たってしまった

状況 トップしたボールが止めてあったカートに当たってしまった。その先はOBエリアだったので助かったが……。

罰打 1 | **処置法** ボールが止まったところからプレーを続ける

クラブを運ぶためのカートは、1台のカートに1組のプレーヤーすべてのバッグを積む、共用カートが一般的だ。この共用カートおよびそこに積まれているすべての物は、どのプレーヤーにとっても自己の**携帯品**とみなされるため、上記の罰となる。ただし、**同伴競技者**が自分のプレーのために運転していた場合は、ペナルティは科せられない。

Through the Green スルーザグリーン
頻度 ★★

SCENE 58
打ったボールが同伴競技者のボールに当たってしまった

状況 打ったボールが、前方のフェアウエーに止まっていた同伴競技者のボールに当たってしまった。

カチン！

罰打 0 | **処置法** ボールが止まったところからプレーを続ける

同伴競技者のボールはルール上**局外者**なので、このケースは**ラブオブザグリーン**となり、当てたプレーヤーは罰なしにボールが止まったところから次のプレーを行えばいい。万一、当たったボールが**OB**エリアに入れば、その処置をとらなければならない。一方、当てられて動かされた同伴競技者のボールは、罰なしに球の持ち主が元の位置に**リプレース**する。

スルーザグリーン Through the Green

頻度 ★★★

SCENE 59

通常のショットが不可能なので左打ちをした

状況 ボールが木の根元に止まり、通常のスイングでは打てないので、ヘッドの背面で左打ちした。

罰打 0　**処置法** そのままプレー続行

右打ちのプレーヤーにとって左打ちは苦肉の策であり、決して自己のショットを有利にすることにはならないので、そのこと自体に罰はない。また、ルール上ボールは「クラブヘッドで打つ」ことが義務づけられているが、「クラブフェースで打つ」とは限定されていないので、正しいスイングさえ行えば、背面を使ったショットも認められる。

Through the Green スルーザグリーン

頻度 ★★

SCENE 60
木の下にあるボールを手前にかき寄せた

状況 樹木の間にボールが止まってしまい、通常のスイングができないのでクラブヘッドでボールを手前にかき寄せた。

罰打 2 | **処置法** **ボールが止まったところからプレーを続ける**

これは左打ちとは異なり、明らかなルール違反。ボールの打ち方については「プレーヤーは球をクラブのヘッドで正しく打たなければならず、押し出したり、掻き寄せたり、すくいあげてはならない」と規定されている。「正しく打つ」とは、きちんと**アドレス**をとり、バックスイングからインパクトまでが一連の連続した動作であることをいう。

スルーザグリーン Through the Green
頻度 ★

SCENE 61

クラブのグリップ部分でボールを打った

状況 木の枝にはさまったボールを、クラブのグリップエンドを使って打った。

罰打 2 **処置法** ボールが止まったところからプレーを続ける

ボールはあくまでも「クラブヘッド」で打つことが義務づけられており、グリップエンドなどヘッド以外の部分で打つと、上記のペナルティの対象となる。このように通常のショットが行えないような場合は、**アンプレヤブル**を宣言し、1打のペナルティを払ってその処置をとったほうが無難だ。

SCENE 62

タオルを敷いてひざまづいて打った

状況 木の枝が邪魔になったので地面にタオルを敷き、その上にひざまづいてショットした。

罰打 2 | **処置法** ボールが止まったところからプレーを続ける

正しいスイングさえできれば、地面にヒザをついてショットすることは認められている。しかし、このケースで問題になるのはタオルを敷いたこと。ルール上、土を掘ったり、石を積み上げるなど、人為的に**スタンス**の場所を作ることは禁止されており、タオルを敷くという行為はこれと同様にみなされる。

スルーザグリーン Through the Green

頻度 ★★

SCENE 63

バンカーならしを取り除いてから打った

状況 バンカー越えのアプローチを打つ際、飛球線上にあったバンカーならしが気になったので、取り除いてからショットした。

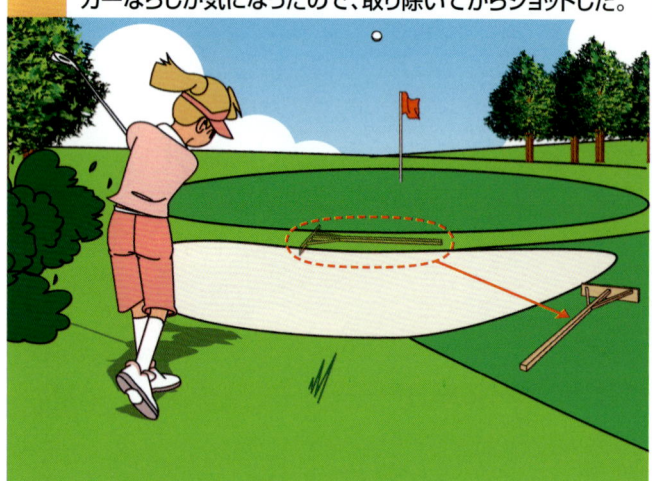

罰打 0 | **処置法** そのままプレー続行

バンカーならしはルール上**障害物**となるため、いつでも取り除くことが可能。したがって、このケースは問題なく無罰だ。しかし、逆にもともとプレー線上にないのにミスした場合を考え、ボールを止める目的を持ってバンカーならしなどの障害物を置いてガードしたりすると、**プレー線の改善**とみなされ、2打のペナルティが科せられる。

Through the Green スルーザグリーン

頻度 ★

SCENE 64

コースに残っていた雪の中にボールが潜ってしまった

状況 ショットしたボールが、ラフに残っていた雪の中に潜り込んでしまった。

救済の有無

有

処置法 カジュアルウォーターもしくはルースインペディメントとして処置する

ルール上雪や氷はプレーヤーの任意で**カジュアルウォーター**か、**ルースインペディメント**のどちらかとして扱うことができる。前者とする場合は、救済のために許されたエリアにボールを**ドロップ**してプレーすればよく（➡P74）、後者とする場合は、雪自体を動かすことになる。もちろん、いずれの場合もペナルティはつかない。

スルーザグリーン Through the Green
頻度 ★★

SCENE 65

ショットの勢いでボールが傷ついた

状況 アイアンショットをトップし、行ってみるとボール表面のカバーが切れていた。

救済の有無
有

処置法
ボールをマークして拾い上げ、別のボールに交換してリプレースする

昨今の2ピースボールは多少のトップではそうそう割れることはないが、このケースのようにカバーが切れたり、ボール自体が変形してしまった場合は、いつでも別のボールに交換することができる（単なる擦り傷では交換は不可）。ただし、その際はあらかじめ**マーカー**か**同伴競技者**に確認させる必要があり、これを怠ると1打のペナルティが科せられる。

Through the Green スルーザグリーン

頻度 ★★

SCENE 66

待ち時間に別のボールでアプローチ練習をした

状況 フェアウエーでグリーンが空くのを待っている間、暇つぶしに別のボールを出してアプローチの練習をした。

罰打 2 | **処置法** **そのままプレー続行**

1ホールのプレー中に、自分の**インプレーのボール**以外のボールを打つと練習ストロークとみなされ、上記の罰となる。ただし、不当にプレーを遅延させない限り、**ホール**とホールの間では、プレーを終えたばかりの**グリーン**上や、次のホールの**ティーインググラウンド**またはその付近でのパッティング練習や、チッピング練習は認められている。

スルーザグリーン Through the Green

頻度 ★

SCENE 67

ラフに落ちていたロストボールを片手で軽く打った

状況 ラフで自分のボールを探していたとき、落ちていたロストボールを片手で持ったクラブで軽くはじくように打った。

罰打 0 **処置法** **そのままプレー続行**

このケースは、きちんと**アドレス**をとって打ったわけではなく、練習する意図もなかったので、練習**ストローク**には該当しない。また、自分のボールだと思って打ったわけでもないので、誤球にもあたらない。万一、練習する意思があってアドレスをとって打った場合は、2打のペナルティが科せられる。いずれにしろ紛らわしい行為は慎んだほうが無難だ。

Through the Green スルーザグリーン

頻度 ★

SCENE 68

2度打ちしてしまった

状況 ラフからのアプローチしたところ、打ったボールが振り抜いたクラブヘッドに当たってしまった。

罰打 1 **処置法** **そのままプレー続行**

1度の**ストローク**でクラブヘッドが2度以上ボールに触れた場合は、上記のペナルティがつく。スコア的には2度ボールを打ったのと同じだが、ルール上の解釈としてはそのストローク自体は1打と数え、それに1打のペナルティがついて合計2打とカウントするのが正しい考え方。つまり、3度打ちでも4度打ちでも、ペナルティはあくまで1打だ。

スルーザグリーン Through the Green
頻度 ★★★

SCENE 69

防護ネットがショットの邪魔になる

状況 OB杭の外側に張られている防護ネットがスイングの障害になる。ボールはセーフなので救済を受けたいのだが……。

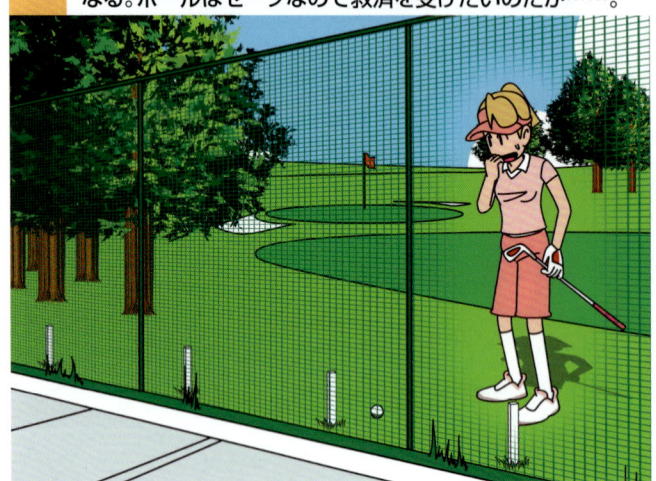

救済の有無

無

処置法 **そのままプレーするかアンプレヤブルの処置をとる**

防護ネット自体は**障害物**だが、立っている区域はプレーが禁止されている**OB**エリアのため、このケースは無罰での救済処置は受けられず、そのまま打つか**アンプレヤブル**を宣言し、1打のペナルティを払ってその処置をとるしか方法がない。もし、防護ネットがOB杭より内側（インバウンズ側）に張られていれば、救済処置が受けられたのだが……。

Through the Green スルーザグリーン

頻度 ★

SCENE 70

雨でグリップが滑るので
ハンカチを巻いて打った

状況 朝からの雨でグリップが濡れ、ショットの際に滑りそうなので握りの部分にハンカチを巻いてショットした。

罰打 0

処置法 そのままプレー続行

グリップ練習器のようにグリップの指が当たる部分に凹凸をつけたり、グリップ自体を変形させたクラブを使用した場合は競技失格となるが、このケースのようにハンカチやタオルを巻いたり、また、松ヤニやパウダーなどの滑り止めを使うことは認められている。とはいえ、雨になりそうな日は、いつもより多めにグローブを用意しておくこと。

スルーザグリーン Through the Green

頻度 ★★★

SCENE 71

キャディーを目印にしてショットした

状況 打ち上げのアプローチでピンが見えなかったので、目印のためにピンの方向にキャディーを立たせて打った。

罰打 2 | **処置法** そのままプレー続行

キャディーだけでなく**同伴競技者**に方向の指示を仰ぐことは、ショットの前に行うぶんには何ら問題ないが、それらの人や物を置いたまま打ってしまうと上記のペナルティが科せられる。パットのときなど「私の右足をねらって」などという親切な（？）キャディーがいるが、その足を動かさずに打ってしまうと2打罰となるので要注意だ。

PART 4
Bunker

バンカーでのルール

バンカー Bunker

頻度 ★★★

SCENE 01

アドレスでクラブヘッドが砂に触れた

状況 バンカーショットを打とうとしてアドレスをとったところ、ついうっかりクラブヘッドが砂に触れてしまった。

罰打 2 | **処置法** **そのままプレー続行**

バンカーや池など**ハザード**からのショットでは、**ストローク**の前にクラブを砂や水につけてはならないことになっており、これに違反すると上記のペナルティとなる。バンカーショットの際、ヘッドを浮かせて構えるのはこのためだ。なお、ストロークとはダウンスイング以後のことを指すので、バックスイングでヘッドが砂に触れた場合も同罪となる。

SCENE 02

Bunker バンカー
頻度 ★★

気になる枯れ葉を取り除いた

状況 バンカーのボールの後ろに落ちている枯れ葉がショットの邪魔になると思い、取り除いた。

罰打 2

処置法 そのままプレー続行

ボールが**バンカー**に入っている場合、**ストローク**の前にそのバンカー内の**ルースインペディメント**に触れると上記のペナルティが科せられる。直接手で触った場合だけでなく、**アドレス**やバックスイングでクラブヘッドが触れた場合も同様。ただし、**ライの改善**にならない限り、**スタンス**をとる際、足がルースインペディメントに触れても罰はない。

バンカー Bunker

頻度 ★★★

SCENE 03

不使用のクラブを 砂の上に置いて打った

状況 バンカーからショットする際、2本のクラブを持ってバンカーに入り、使わないほうのクラブを砂の上に置いて打った。

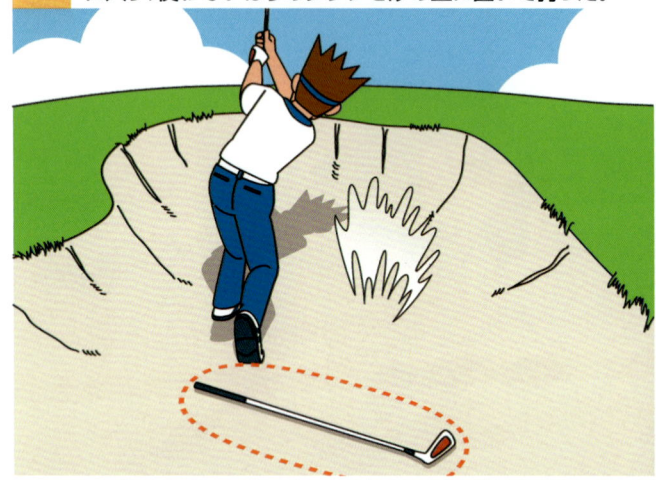

罰打 0

処置法 そのままプレー続行

砂のテストとならない限り、**バンカー**内にクラブを置くことは認められているため、このケースは無罰。ただし、バンカーショットをミスして打ったボールが置いてあるクラブに当たった場合は、1打のペナルティが科せられる。また、クラブを置く際、砂に強く押しつけたりすると砂のテストまたは**ライの改善**とみなされ、2打罰となる。

Bunker **バンカー**
頻度 ★

SCENE 04

持っていた傘を砂に突き刺した

状況 バンカーショットのためにバンカーに入った際、持っていた傘を砂に突き刺して置いた。

罰打 2 | **処置法** そのままプレー続行

バンカー内に傘やタオルといった**携帯品**を置くことは認められているが、このケースは**砂のテスト**とみなされ、上記のペナルティが科せられる。本人にその意識があったかどうかは不明だが、単に傘を置いたのではなく、突き刺すという行為は結果として砂の状態を把握することにつながる。**ハザード**は特殊な場所と考え、疑わしい行為は極力慎むようにしたい。

バンカー Bunker

頻度 ★★

SCENE 05

ショットの前に足で砂を蹴った

状況 ベタピン！ と思ったボールがバンカーに落ちた。ついカッとなってショットの前に砂を蹴飛ばした。

「チッ！」

罰打 2 | **処置法** そのままプレー続行

バンカーショットでボールに**アドレス**する際、砂に足を潜り込ませることは何ら問題ないが、このケースは**砂のテスト**とみなされ、上記のペナルティとなる。また、バンカー内で足やバンカーならしを引きずって歩いたりするのも同罪だ。バンカーへはできるだけ低い地点から静かに入るのがマナーだが、これを守れば、クレームをつけられることもない。

Bunker バンカー

頻度 ★★

SCENE 06
スタンスをとった後に
ボールが動いた

状況 スタンスを決め、ショットしようとしたところ、何かのはずみでボールが動いてしまった。

罰打 1

処置法 ボールをリプレースしてプレーする

通常**スタンス**は**アドレス**をとる前に行う動作であり、**ハザード**以外の場所であればこのケースにペナルティはつかない。しかし、ハザードではスタンスを決めた時点でアドレスしたとみなされるので、上記の罰がつく。バンカーショットでは、足場を固めるために砂に足を潜り込ませるのが基本なので、十分注意することが大切だ。

バンカー Bunker
頻度 ★★

SCENE 07

ショット後砂をならしたところに
ボールが転がり戻った

状況 バンカーショットしたボールが土手のラフで止まったので砂をならしたところ、そこにボールが転がり戻ってきてしまった。

「アリャ！」

罰打 0 | **処置法** そのままプレー続行

この場合、砂をならしている間ボールは土手に止まっており、プレーヤーはそこにボールが転がり戻ることをあらかじめ予知していたわけではない。したがって、**ライの改善**を行う意図がないのは明白なので、ペナルティは科せられない。ただし、転がり戻った後も砂をならし続けると、2打のペナルティとなるので要注意。

Bunker バンカー
頻度 ★★

SCENE 08

OBとわかった後に砂をならした

状況 バンカーショットがOBとなってしまったので、そのショットの跡をならしてから別のボールをドロップして打った。

アッ!

ならしてからドロップしよ!

罰打 0 **処置法** **そのままプレー続行**

ストロークの前にバンカーの砂に触れてはいけない（砂のテスト）という規定は、あくまでもボールがそのバンカー内にあることが条件となるので、このケースにペナルティはつかない。また、OBになったとはいえ、前のショットはすでに終了しているので、ショットの跡をならしてもライの改善にもあたらない。

バンカー Bunker

頻度 ★★

SCENE 09

1度とったスタンス跡を直してから再度スタンスをとった

状況 1度スタンスをとったが考え直し、そのスタンスの跡をならして、改めて別の方向にスタンスをとり直した。

やっぱりやめた！

罰打 2 **処置法** **そのままプレー続行**

スタンスをとり直すこと自体にペナルティはないが、1度とったスタンスの跡を直してしまうと**砂のテスト**とみなされ、上記の罰打がついてしまう。**バンカー**をならすのはエチケットの1つではあるが、ボールが**ハザード**に止まっている間に、そのハザードの砂をならしてしまうと2打のペナルティが科せられるので要注意だ。

Bunker バンカー

頻度 ★

SCENE 10

砂に埋まったボールを確認するため 少し砂を取り除いた

状況 バンカーの斜面を直撃したボールが砂にめり込んでしまったので、ボールが確認できるまで指で砂を少しほじった。

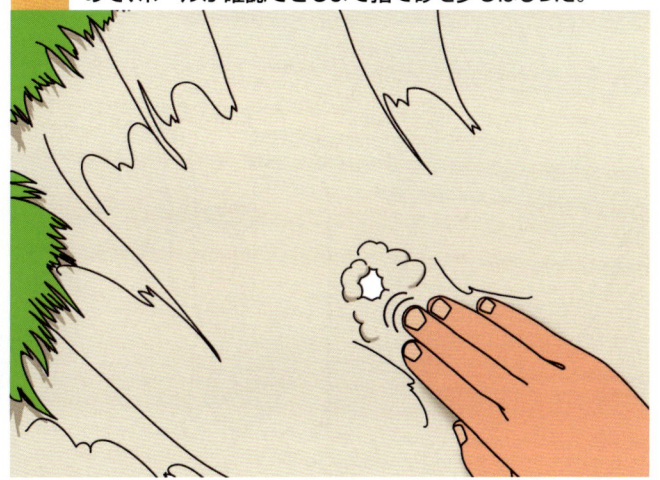

罰打 0

処置法 **そのままプレー続行**

このケースのように、ボールの位置が確認できないような場合は、ボールの一部が見える範囲内で砂を取り除くことが許されている。ただし、必要以上に砂を多く取り除いてショットしてしまうと**ライの改善**とみなされ、2打のペナルティとなる。万一、砂を多く取り除き過ぎた場合は、確認可能な限度まで砂を戻してからショットすればいい。

バンカー Bunker

頻度 ★★★

SCENE 11

ボールをドロップしたら目玉になってしまった

状況 バンカーショットがOBになったので別のボールをドロップしたところ、目玉になってしまった。再ドロップは可能……？

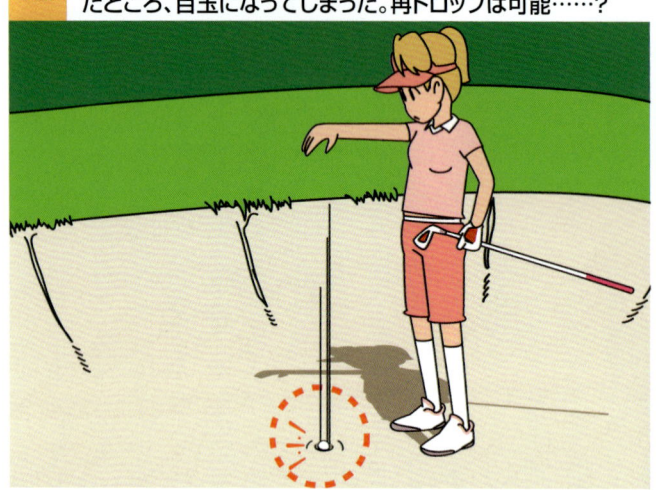

救済の有無

無

処置法 そのままプレー続行

その**ドロップ**が規則に適合したものであれば再ドロップはできず、そのままプレーするしかない。柔らかい砂が入った**バンカー**などではよく起こるケースだが、これを救済するルールはない。万一、目玉になりそうだからとボールを**プレース**したり、低い姿勢でドロップしてショットしてしまうと、1打のペナルティが科せられる。

Bunker バンカー

頻度 ★★

SCENE 12
確認のため同伴競技者了解のもとボールを拾い上げた

状況 バンカーにボールが2つあり、番号が見えなかったので同伴競技者立ち会いのもと、マークしてボールを拾い上げた。

「OK!」

「ボール確認します」

罰打 0

処置法 確認後、自分のボールをリプレースしてプレーする

どちらかが自分のボールであることが明白であれば、罰なしにボールを拾い上げて上記の処置をとることができる。ただし、その際は、まずその旨を**マーカー**または**同伴競技者**に告げて立ち会いを求め、必ず**マーク**してからピックアップすること。万一この手順を踏まずに勝手に拾い上げたり、その必要もないのにピックアップしてしまうと1打罰となる。

バンカー Bunker

頻度 ★★★

SCENE 13

バンカーの土手のボールにアドレスする際ヘッドが砂に触れた

状況 バンカーぎりぎりの芝の上に止まっているボールにアドレスしたところ、クラブヘッドがバンカーの砂に触れてしまった。

罰打 0 **処置法** そのままプレー続行

バンカーの土手や、バンカー内であっても草が生えている部分は**ハザード**ではなく、**スルーザグリーン**の一部と見なされる。したがって、この部分にボールが止まっている場合は、**アドレス**やバックスイングでクラブヘッドが砂に触れても何ら問題はない。ただし、ボールの一部がわずかでも砂に触れている状況なら、2打のペナルティが科せられる。

Bunker バンカー
頻度 ★★

SCENE 14
同伴競技者のショットでライが変わってしまった

状況 同伴競技者が先に打ったバンカーショットで飛ばされた砂が、近くにあった自分のボールにかかり、ライが変わってしまった。

救済の有無
有

処置法 マークしてボールを拾い上げ、砂を拭いてからリプレースする

このように他のプレーヤーによって、自己の**インプレーのボール**のライが変えられた場合は、罰なしで上記の救済が受けられることになっている。ボールはあるがままでプレーするのがゴルフの原則だが、このように他のプレーヤーの行為によって引き起こされた現象に対しては、公正の理念にのっとり、元の状態を復元してプレーすることが認められている。

バンカー Bunker

頻度 ★★

SCENE 15

苦手なバンカーショットを回避する方法はある?

状況 アプローチをトップしたボールがバンカーの斜面にめり込んでしまい、とても1回では出せそうにない。

救済の有無

無

処置法

1打のペナルティを払い、アンプレヤブルの処置をとる

残念ながら無罰での救済処置はない。こういったケースでは無理して打つより、1打のペナルティを払って**アンプレヤブル**の処置をとったほうが無難。万一、**バンカー**ショットが苦手なら「そのボールをプレーした前位置に戻って打ち直す」という処置を選べば、バンカーショットを回避することも可能だ（もちろん、前位置がバンカー以外の場合だが）。

Bunker バンカー

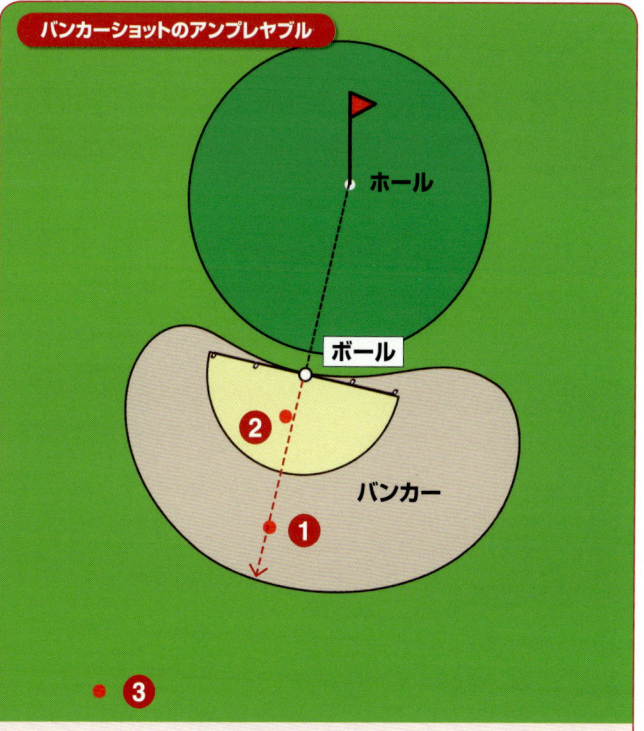

頻度 ★★★

バンカーショットのアンプレヤブル

バンカーからアンプレヤブルを宣言する場合、ドロップエリアは以下の3箇所となる。このうち❸を選んだ場合はバンカー外にドロップが可能となる。ただし、前位置がバンカー内であったり、1度そのバンカーショットを失敗した場合は、バンカー外へのドロップは不可能となる。

❶ボールとホールとを結んだ後方延長線上のバンカー内。
❷ボールから2クラブレングス以内で、ホールに近づかないバンカー内。
❸そのボールをプレーした前位置。

バンカー Bunker

頻度 ★★

SCENE 16

バンカー内の水溜まりに ボールが止まってしまった

状況 昨夜の雨でできたバンカー内の水溜まりにボールが止まってしまった。

救済の有無	処置法
有	**ニアレストポイントを決め、そこから1クラブレングス以内のバンカー内にドロップする**

バンカーでも**カジュアルウォーター**として無罰で上記の救済が受けられる。ただし、ドロップエリアはあくまでもバンカー内が条件。このようなケースは、ともすると水溜まりを避けた箇所もぬかるんでいる場合が多く、**ドロップ**したボールが目玉になりやすいのが難点。しかし、これを嫌ってボールを**プレース**するとペナルティとなるので要注意だ。

Bunker バンカー

頻度 ★★★

バンカー内のカジュアルウォーターからの救済法

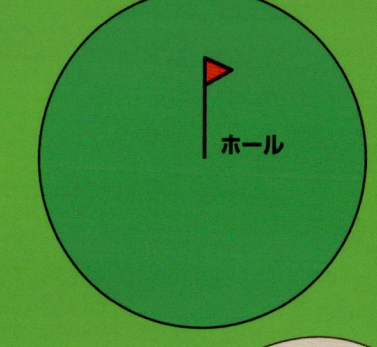

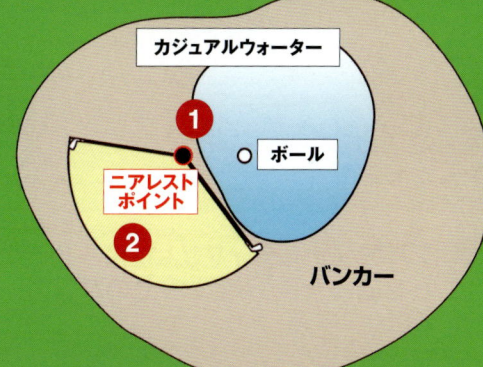

ホール

カジュアルウォーター

❶

ニアレストポイント

ボール

❷

バンカー

❶ニアレストポイントをマークする。
❷ボールをピックアップし、ニアレストポイントから1クラブレングス以内でホールに近づかないバンカー内にドロップする。

バンカー Bunker

頻度 ★

SCENE 17
バンカーが満水で
ドロップするところがない

状況 大雨で満水になっているバンカーにボールが入ってしまった。こんな場合はバンカーの外にドロップは可能？

救済の有無

無

処置法

1打のペナルティを払い、ボールとホールとを結んだ後方延長線上のバンカー外にドロップする

このケースは無罰での救済法はないが、1打のペナルティを払えば上記の救済が受けられる。なお、この場合、ボールの後方延長線上であれば距離に制限はない。**アンプレヤブル**と同じような処置だが、「ボールの後方延長線上のバンカー外」という処置はアンプレヤブルにはない。もちろん、ペナルティを払いたくなければそのまま打ってもよい。

Bunker バンカー
頻度 ★★

SCENE 18
同伴競技者のボールが ショットの邪魔になる

状況 バンカー内に自分のボールと同伴競技者のボールがくっつくように止まっていて、ショットの邪魔になるのだが……。

救済の有無
有

処置法
ホールに近いほうのボールをマークしてピックアップする

このように**同伴競技者**のボールがプレーの妨げとなるような場合は、罰なしに上記のような処置がとれる。ホールに近いほうのプレーヤーが自分のボールを**マーク**して拾い上げ、片方のプレーヤーのショット後、ボールを**リプレース**してプレーする。万一、同伴競技者のショットでライが変えられた場合は、元のライを復元してリプレースすればいい。

バンカー Bunker

頻度 ★★

SCENE 19

誤ってバンカー内の砂面に手をついてしまった

状況 バンカーに入ったボールをショットしようとして土手を降りたところ、滑って転び、バンカーの砂に手をついてしまった。

罰打 0 **処置法 そのままプレー続行**

ボールのライが変わらない限り無罰。このケースは不可抗力であり、プレーヤーに砂のテストをしようとする意図はなかったとみなされるので、ペナルティは科せられない。似たようなケースで、急な土手を降りるときにクラブを砂につけて支えにしたとしても、やはりペナルティとはならない。

Bunker バンカー
頻度 ★★

SCENE 20

ホールアウト後バンカーで2、3球練習した

状況 自分のボールをホールアウトした後、後続組が来なかったので近くのバンカーで2、3球バンカーショットの練習をした。

罰打 2 **処置法** **そのままプレー続行**

プレー中に許される練習は、プレーを終えたばかりの**グリーン**上で行うパッティング練習と、次のホールの**ティーインググラウンド**付近でのパッティングやチッピング練習に限られており、**バンカー**での練習はすべて禁止されている。また、これら認められた練習であっても、プレーを遅延させないことが条件となる。

バンカー Bunker

頻度 ★★★

SCENE 21

ボールがグリーンに乗った後練習スイングをした

状況 バンカーショットがグリーンにオン。だが、スイングに納得がいかなかったので、バンカーで2、3度練習スイングをした。

罰打 0

処置法 そのままプレー続行

このケースはペナルティはない。というのも、ボールを打たない練習スイングは、**ストローク**とはみなされないからだ。また、このケースではすでにボールは**バンカー**外にあるため、**砂のテスト**にも該当しない。バンカーでボールを打たない練習スイングは、いってみれば素振りと同じ。ボールがバンカーにない限り、いつでも行うことが可能だ。

PART 5
Water Hazard

ウォーターハザード
でのルール

ウォーターハザード Water Hazard

頻度 ★★★

SCENE 01

池ポチャしてしまった

状況 フェアウエーから打ったボールが、グリーン手前の池に入ってしまった。

罰打 1 **処置法** **右ページのいずれかの地点にドロップする**

ボールが池などの**ウォーターハザード**に入ってしまった場合は、1打のペナルティを科したうえで上記の処置をとることができる（➡P139）。通常ウォーターハザードは黄杭で標示されているが、標示がなくても**カジュアルウォーター**のように一時的なものでない水域（コース上の溝や排水路など）は、すべてウォーターハザードとなる。

Water Hazard ウォーターハザード

頻度 ★★★

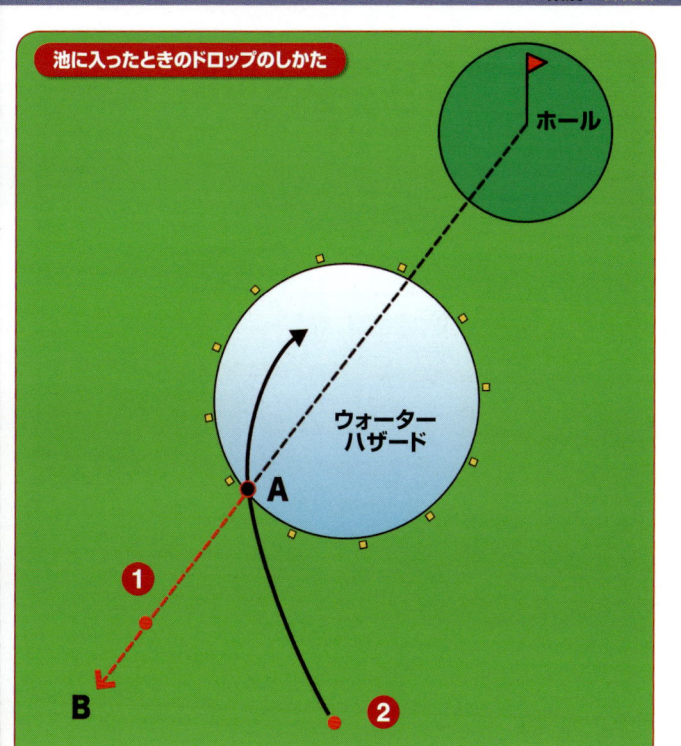

池に入ったときのドロップのしかた

ウォーターハザードにボールが入った場合は、1打のペナルティを科したうえで、下の❶か❷のいずれかの地点にボールをドロップしてプレーすればよい。

❶ボールが最後にそのウォーターハザードの境界を横切った地点(A)と、ホールとを結んだラインの後方延長線上（B）にドロップする。後方延長線上であればいくら離れても構わない。
❷そのボールをプレーした前位置にドロップする。

ウォーターハザード Water Hazard

頻度 ★★★

SCENE 02

ホールと平行に流れる川に
ボールが入ってしまった

状況 フェアウエーに沿ってホールの横を流れる川(赤杭で標示されている)にボールが入ってしまった。

罰打 1 **処置法** **右ページのいずれかの地点にドロップする**

「ボールが最後にウォーターハザードの境界を横切った地点と**ホール**とを結んだ後方延長線上」という**ドロップ**エリアが、どこまで行っても水面上となってしまうような**ウォーターハザード**を、**ラテラルウォーターハザード**と呼ぶ。このエリアは通常赤杭で標示されており、前記の不備を補うための処置として、右ページのような追加処置が認められている。

Water Hazard ウォーターハザード

頻度 ★★★

ラテラルウォーターハザードでのドロップのしかた

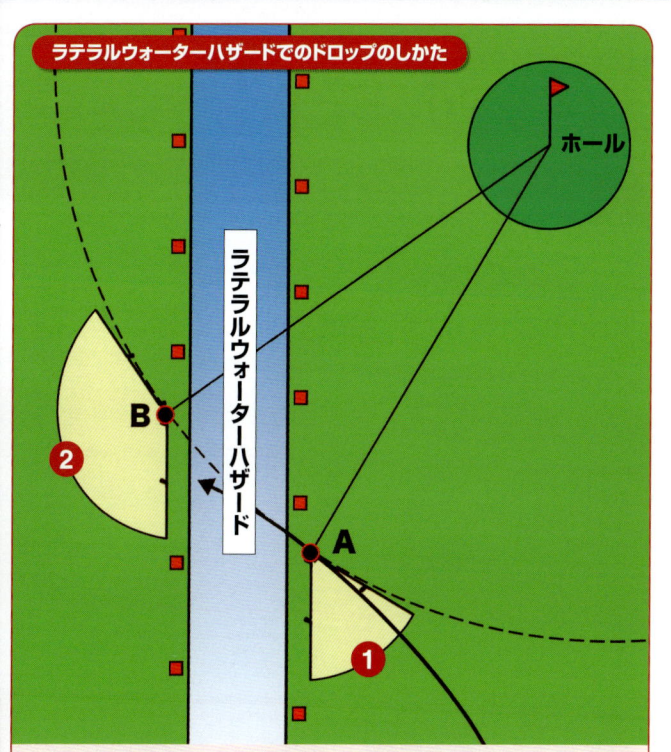

ボールが赤杭で標示された水域に入った場合は、ウォーターハザードのドロップエリア（→P139）のほかに、以下の地点にドロップすることが認められている。

❶ ボールが最後にラテラルウォーターハザードの境界を横切った地点（A）から、ホールに近づかずない2クラブレングス以内にドロップ。
❷ （A）と等距離にある対岸の地点（B）から、やはりホールに近づかない2クラブレングス以内にドロップ。

ウォーターハザード Water Hazard
頻度 ★★

SCENE 03

橋の上に止まったボールを
スルーザグリーンにドロップした

状況 池に架かっている橋の上にボールが止まってしまったので、ウォーターハザードの処置をとり、後方のラフにドロップした。

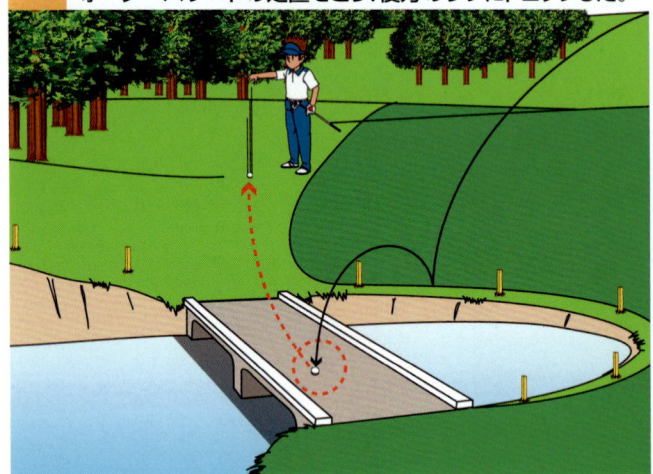

罰打 1　**処置法** **そのままプレー続行**

ウォーターハザードの区域は垂直に上下におよぶため、橋の上のボールはウォーターハザード内のボールとなる。したがって、1打のペナルティを払えば、このような処置は可能だ（そのまま打てば無罪）。ただし、**ドロップ**エリアを決定する基点はボールが止まっている地点ではなく、あくまでも「池を最後に横切った地点」でなければならない。

Water Hazard ウォーターハザード

頻度 ★★

SCENE 04

水中のボールを打つ際、アドレスでヘッドが水面に触れた

状況 浅い池に入ったボールをそのまま打とうとしたところ、アドレスでクラブヘッドが水面についてしまった。

罰打 2

処置法 そのままプレー続行

ウォーターハザードはOBエリアのようにプレー禁止区域ではないので、打てると判断すれば罰なしにプレーすることは可能だ。しかし、ウォーターハザード内のボールをプレーする場合、**ストローク**の前に手やクラブを水面につけてしまうと上記のペナルティが科せられるので要注意。**バンカー**同様、**アドレス**の際は必ずヘッドを浮かせて構えること。

ウォーターハザード Water Hazard
頻度 ★

SCENE 05
水中で動いているボールを打ってしまった

状況 小川に入ったボールを打とうとした瞬間ボールが動き出したが、スイングを止められずにそのまま打ってしまった。

罰打 0 | **処置法** そのままプレー続行

スルーザグリーンでは、動いているボールを打ってしまった場合は1打のペナルティが科せられるが（➡P92）、**ウォーターハザード**にボールがある場合はこのペナルティはない。ただし、動いていることを知りながら、条件のいい地点に来るまで待っていると2打罰となる。また、このようなボールに関しては、**誤球**してもペナルティは科せられない。

Water Hazard ウォーターハザード

頻度 ★★

SCENE 06

枯れ葉を取り除いてから打った

状況 池の中のボールを打つ際、ボールの後ろに浮いている枯れ葉が邪魔だったので、取り除いてからショットした。

罰打 2 | **処置法** そのままプレー続行

このケースは**バンカー**にボールがあるときとまったく同じで（→P115）、上記のペナルティが科せられる。バンカーであれ**ウォーターハザード**であれ、**ハザード**内にボールと**ルースインペディメント**が同時にあるケースでは、**ストローク**の前に手やクラブがルースインペディメントに触れた時点でペナルティの対象となる。

ウォーターハザード Water Hazard

頻度 ★★

SCENE 07

ウォーターハザードの標示杭を抜いて打った

状況 ボールはウォーターハザードの外側に止まっていたが、標示杭がショットの妨げになったので、抜いてからショットした。

罰打 0 | **処置法 そのままプレー続行**

ウォーターハザードや**ラテラルウォーターハザード**を標示する黄杭や赤杭は、ルール上**障害物**に該当するため、これらがショットの妨げになる場合は、いつでも抜くことが許されている。万一、これらの杭が地中深く食い込んでいて簡単に抜けない場合は、カート道路などと同様に動かせない障害物として扱い、無罰でその処置をとればいい（➡P56）。

Water Hazard ウォーターハザード

頻度 ★★

動かせない障害物から救済を受ける場合の注意点

ボールの移動 OK

ボールの移動 NG

ウォーターハザード

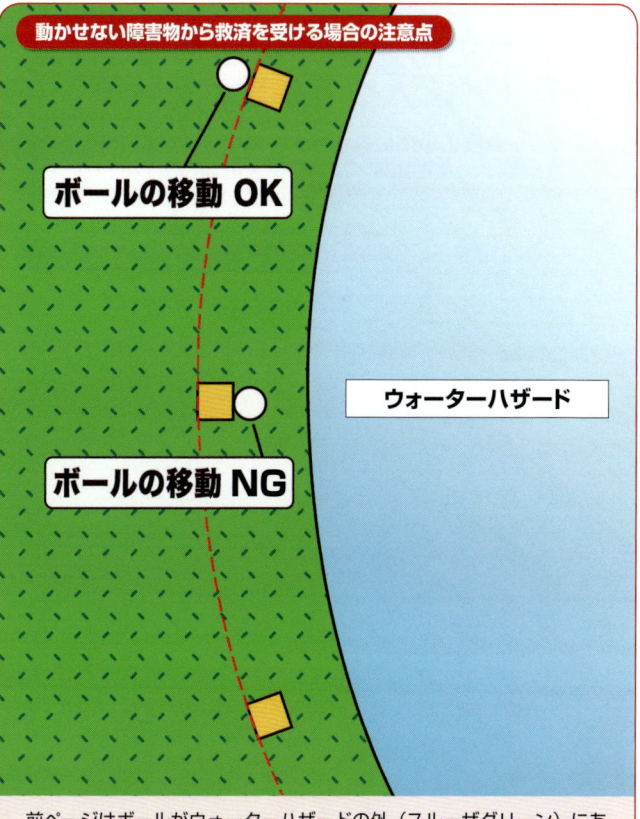

前ページはボールがウォーターハザードの外（スルーザグリーン）にあるケースだが、ボールがウォーターハザードの中にある場合で、障害となる杭が抜けない場合（動かせない障害物）はこの処置はとれず、そのまま打つか、1打のペナルティを払ってウォーターハザードの処置をとるしか方法がない。

ウォーターハザード Water Hazard
頻度 ★

SCENE 08
川に入ったボールが流されて OBエリアに入ってしまった

状況 グリーン奥の小川に落ちたボールがOBエリアに流されてしまった。入った地点はインバウンズだったのだが……。

救済の有無

無

処置法

1打のペナルティを加えて、OBの処置をとる

たとえ入った地点がインバウンズであっても、結果的に**OB**エリアに入ってしまえばOBとして処置するしか方法はない。木に当たってOBになったケースとまったく同じだ。何か釈然としないと思うかもしれないが、逆にOBエリアの川に落ちたボールがインバウンズに流されてくればセーフとなるわけだから、ルールはやはり公平だ。

Water Hazard ウォーターハザード

頻度 ★

SCENE 09

池からあふれ出た水の中に
ボールが止まってしまった

状況	台風の影響で、池からあふれ出た水の中にボールが止まってしまった。

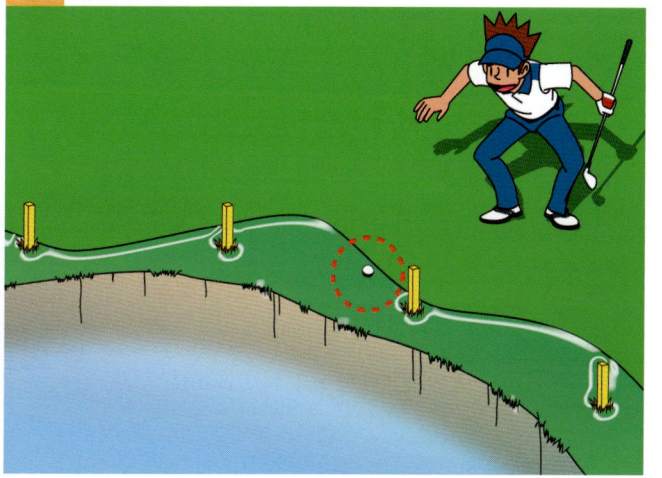

救済の有無	処置法	カジュアルウォーターからの救済処置をとる
有		

このように池を越えてあふれ出た水は、**ウォーターハザード**の一部ではなく**カジュアルウォーター**として扱われるため、ここにボールが止まった場合は、罰なしにカジュアルウォーターからの救済が受けられる（➡ P74）。ただし、単に池からあふれているだけではダメで、ウォーターハザードを標示する黄杭を越えて出ているものに限定される。

ウォーターハザード Water Hazard

頻度 ★★

SCENE 10

1度グリーンオンしたボールが転がり戻って池に入った

状況 アプローチしたボールがぎりぎりにオン。ホッと胸をなでおろしているうち、傾斜で転がり戻って池の中へ……。

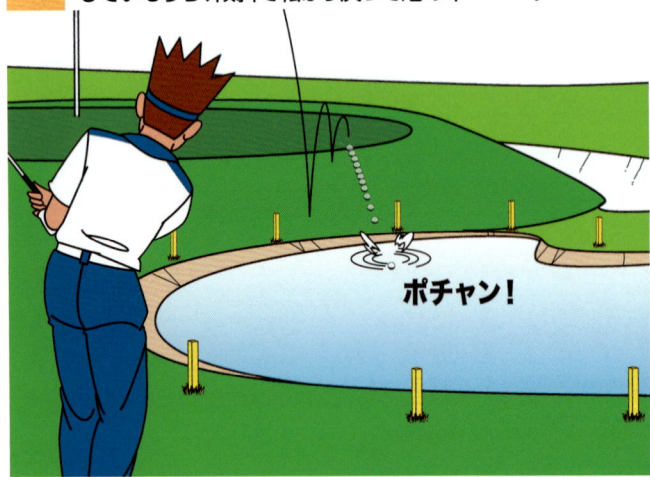

ポチャン！

罰打 1 **処置法** ウォーターハザードの処置をとる

状況はどうであれ池に入ってしまえば**ウォーターハザード**の処置をとるしかない。このケースでよく間違えるのは、**ドロップ**地点を**グリーン**側にしてしまうこと。ボールが最後にウォーターハザードの境界を横切ったのはグリーン側だが、ドロップはあくまでも「そのウォーターハザードの後方」でなくてはならず、グリーン側は**誤所**となる（➡P151）。

Water Hazard ウォーターハザード

頻度 ★★

ドロップは必ず池の後方に

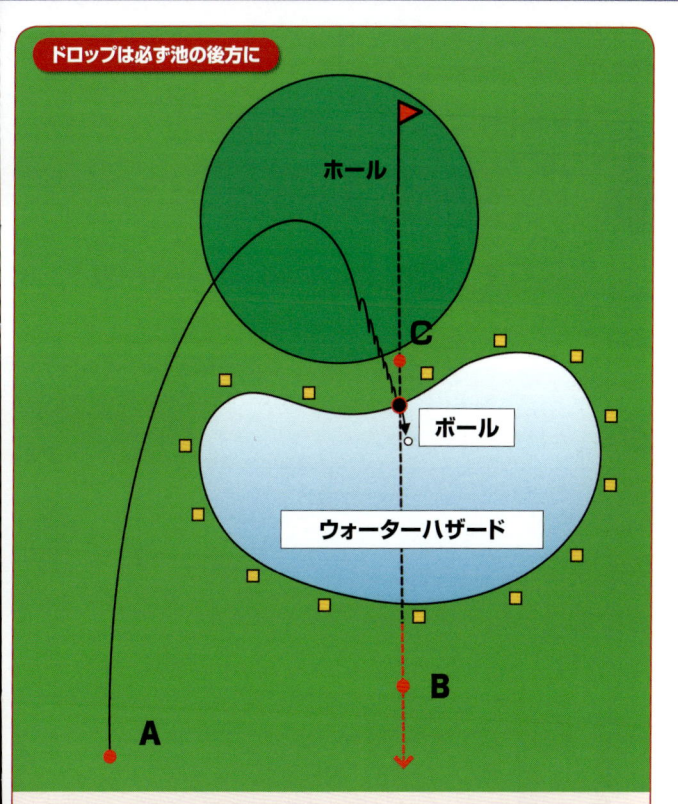

ウォーターハザードにボールが入った場合、ドロップできるのは上図A（そのボールをプレーした前位置）もしくはB（ボールが最後にウォーターハザードの境界を横切った地点とホールとを結んだ後方延長線上で、そのウォーターハザードの後方の地点）の2つに限られる。Cのようにウォーターハザードの前方にドロップしてプレーしてしまうと、誤所からのプレーとなるので要注意。

ウォーターハザード Water Hazard

頻度 ★★

SCENE 11

奥のバンカーから打ったボールが手前の池に入ってしまった

状況 グリーン奥のバンカーからのショットがホームランし、ボールはグリーン手前の池へ。ドロップはどこにすればいいのか?

罰打 1

処置法 バンカー内か、池の後方(ティーインググラウンド側)にドロップする

再度**バンカー**ショットをしたくないのであれば、ボールが最後に**ウォーターハザード**の境界を横切った地点と**ホール**とを結んだ後方延長線上で、ウォーターハザードの後方の地点に**ドロップ**することになる。いくら打ったのが池を越えた地点であっても、ドロップはあくまでも池の後方でなくてはならないので、池越えのアプローチは避けられない。

Water Hazard ウォーターハザード

頻度 ★★

ドロップできる地点は

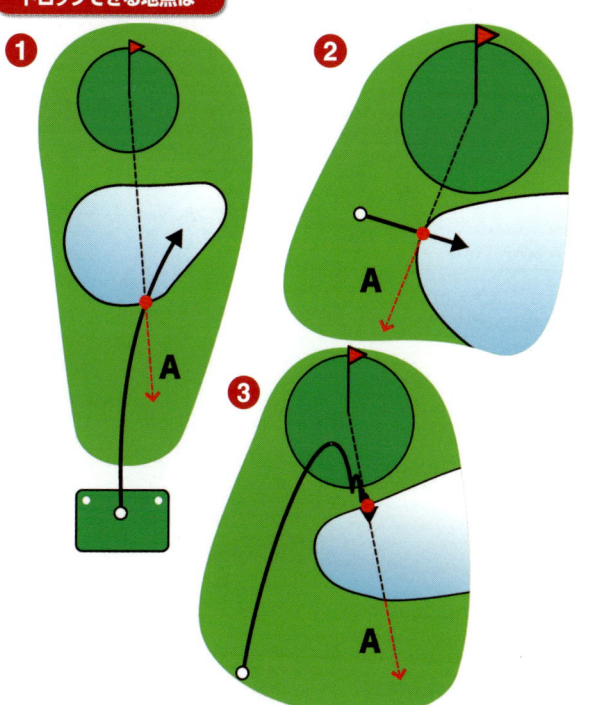

❶ ティーショットが池に入った場合
　再度ティーグラウンドから打ち直すか、Aのライン上にドロップする。
❷ シャンクして池に入った場合
　ショットした前位置か、Aのライン上にドロップする。
❸ 池を越えた地点から入った場合
　ショットした前位置か、Aのライン上にドロップする。

ウォーターハザード Water Hazard

頻度 ★★

SCENE 12

水が干上がった池のボールを
打つ際クラブをソールした

状況 水はまったくないものの、黄杭で囲まれた区域に入ったボールにアドレスしたときクラブを地面にソールした。

罰打 2 | **処置法** そのままプレー続行

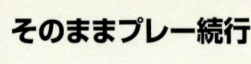

水があるなしに関わらず、黄杭で標示されたエリアは**ウォーターハザード**となるため、**アドレス**でクラブが地面に触れれば上記のペナルティが科せられる。こういったケースでは、**バンカー**同様クラブヘッドを浮かせて構えるのが原則。バックスイングでクラブヘッドが**ルースインペディメント**に触れても同様の罰となるので、くれぐれも注意したい。

Water Hazard **ウォーターハザード**

頻度 ★★★

SCENE 13
池のボールを探すため クラブを水中につけた

状況 濁った水の池にボールが入ったボールを探すため、クラブを水中に入れてかき回した。

「ないなァ･･･」

罰打 0

処置法 そのままプレー続行

単純にボールを探す目的であれば、クラブを水につけてもペナルティとはならない。ただし、これはあくまでも**ウォーターハザード**の処置を選択し、ボールを**ドロップ**する場合であって、水中のボールを打つ意思があった場合（水が浅ければ無罰でプレーしようという意図がある）は、2打のペナルティとなる。

ウォーターハザード Water Hazard

頻度 ★★

SCENE 14

池に入ったかどうかはっきりしない

状況 真っすぐ池の方向に飛んだボールが見つからない。距離的にもピッタリなのでたぶん池に入ったと思うのだが。

罰打 1 **処置法** 紛失球の処置をとる

ウォーターハザードにボールが入ったかどうかは事実関係の問題であり、プレーヤー自身や**キャディー**、または**同伴競技者**などの第三者がその事実を目撃していることが条件となる。このケースのように「たぶん」ではウォーターハザードの処置はとれず、ボールが見つからなければ**紛失球**として処置（➡P42）しなければならなくなる。

PART 6
Putting Green

グリーンでのルール

グリーン Putting Green

頻度 ★★

SCENE 01

カラーのボールを
マークして拾い上げた

状況　グリーンのカラーの部分に乗ったボールをマークして拾い上げ、キャディーに渡した。

罰打 1 ｜ 処置法 ｜ **リプレースしてプレー**

グリーンに乗ったボールはいつでも**マーク**して拾い上げられるが、カラー（エッジとも呼ばれる）の部分はグリーンではなく、**スルーザグリーン**に含まれる。したがって、ここにあるボールをピックアップしてしまうと、**インプレーのボール**を動かしたことになるため、上記のペナルティが科せられる。

Putting Green グリーン

頻度 ★★

SCENE 02

グリーン面を手でこすった

状況 カップ近くの芝目が気になったので、指先でグリーン面をこすって目の方向を確認した。

罰打 2 **処置法** **そのままプレー続行**

昨今のコースはベント芝のワングリーンが多くなっているため、高麗芝のグリーンよりも芝目の影響は受けにくくなっているが、それでもこのように**グリーン面を手でこする**行為は**グリーン面のテスト**とみなされ、上記のペナルティが科せられる。これ以外にも、芝目や傾斜を知る目的で、グリーン上でボールを転がした場合も同様の罰となる。

グリーン Putting Green

頻度 ★★★

SCENE 03

ライン上のスパイクマークを直した

| 状況 | パッティングライン上のスパイクマークが気になったので、パットの前にグリーンフォークで修復した。 |

罰打 2 　処置法　**そのままプレー続行**

ボールが**グリーン**に乗っている場合、グリーン面の修復が可能なのはボールの落下によってできたボールマーク（ピッチマークともいう）と、古いホールの埋め跡だけ。このケースのようにスパイクマークを修復してしまうと上記のペナルティとなる。ただし、ホールアウト後は後続組のためにも、気付いたスパイクマークは直しておくのがエチケットである。

Putting Green グリーン

頻度 ★★★

SCENE 04

ライン上の枯れ葉を取り除いた

状況 パッティングライン上に落ちていた枯れ葉を取り除いてからパットした。

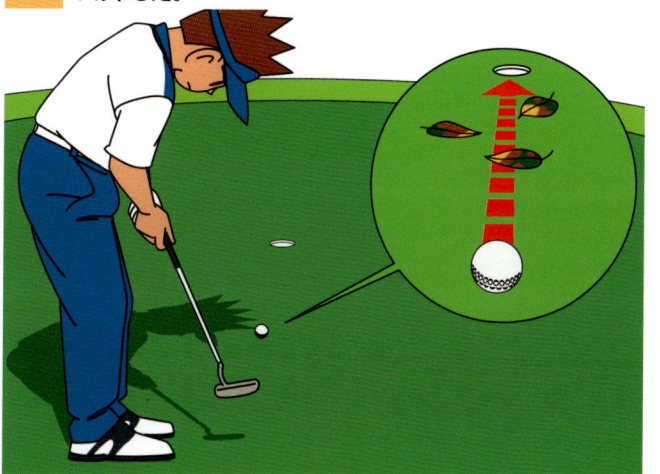

罰打 0

処置法 そのままプレー続行

グリーン上の**ルースインペディメント**は、いつでも取り除くことができるため、このケースは無罰。万一、取り除きに際してボールが動いても罰はなく、動いたボールは**リプレース**すればいい。ただし、パットしたボールが動いている間に、**キャディー**などに指示してライン上のルースインペディメントを取り除かせると、2打のペナルティが科せられる。

グリーン Putting Green

頻度 ★★

SCENE 05

ライン上の砂を取り除いた

状況 パッティングライン上にバンカーショットで飛ばされた砂があったので、パターヘッドで払いのけた。

罰打 0 **処置法** **そのままプレー続行**

グリーン上にある砂やバラバラになった土は**ルースインペディメント**に該当するため、ペナルティはない（ボールが動いている場合は取り除けないのも同様）。ただし、砂を払いのける過程で、**パッティングライン**上にクラブヘッドを強く押しつけたり、手で引っ掻いたりすると、パットの線に触れることを禁じた規則に違反したとみなされ、2打罰となる。

Putting Green グリーン

頻度 ★★

SCENE 06

ライン上の朝露をパターヘッドで払いのけた

状況 ライン上に残っている朝露がパットの邪魔になると思ったので、パターヘッドで水滴を払い除けた。

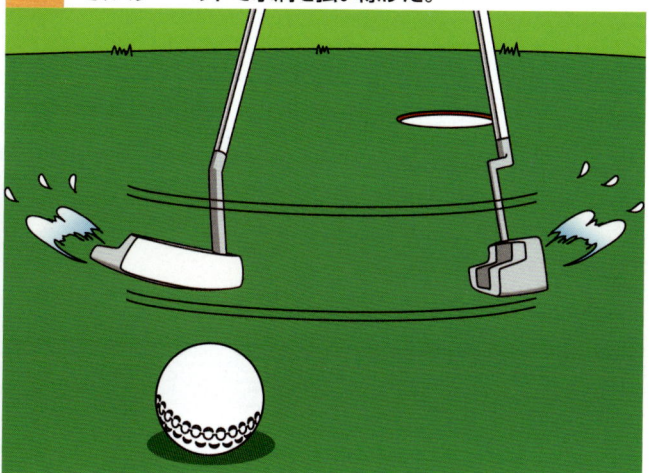

罰打 2

処置法 そのままプレー続行

ルール上、雪や天然の氷などはプレーヤーの任意で**カジュアルウォーター**か、**ルースインペディメント**のどちらかとして扱うことが許されているが、早朝の**グリーン**などに残っている朝露や、冬場の霜などはこのどちらにも含まれない。したがって、このケースは**ライの改善**とみなされ、上記のペナルティとなってしまう。

グリーン Putting Green

頻度 ★★★

SCENE 07

ホールに対してボールの真横5〜6cmにマークして拾い上げた

状況 グリーンに乗ったボールをマークする際、ボールの真横5〜6cmの位置にマーカーを置いてボールをピックアップした。

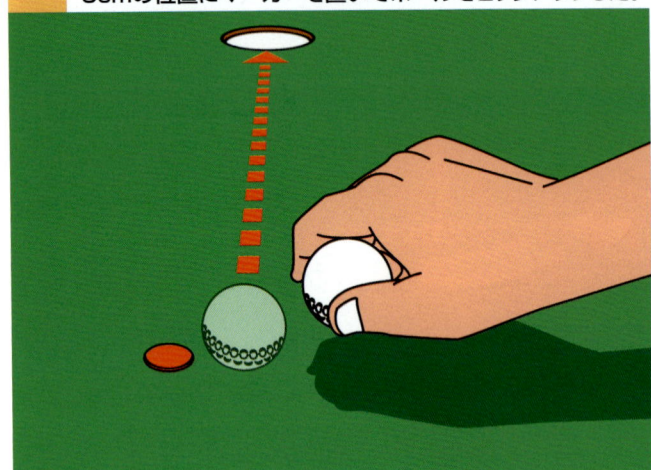

罰打 1 | **処置法** ボールをリプレースして再度マークし直す

ボールを**マーク**する場合は、**ホール**に対してボールの真後ろにボールマーカーを置くのが原則。このケースのようにボールの横にマーカーを置くのはルールで勧告されたマークのしかたとはいえない。これだけで即ペナルティとなるわけではないが、ボールから5cm以上離れた位置にマークしたとなると上記のペナルティは免れない。

Putting Green **グリーン**

頻度 ★★★

SCENE 08
ズラしておいたマークを戻さずにパットした

状況 同伴競技者のパットの邪魔にならないようにマークをズラしておいたのを忘れ、そこにリプレースしてパットしてしまった。

アッ！忘れた！

罰打 2 | **処置法** そのままプレー続行

マークが**同伴競技者**のパットの妨げになるような場合、クラブヘッド1つぶん程度マークをズラしておくのはマナーの1つ。しかし、ズラしておいたのを忘れ、そのまま**リプレース**してパットしてしまうと、**誤所からのプレー**で上記のペナルティとなる。ただし、この場合は再度リプレースする必要はなく、ホールアウトしたスコアに2打プラスすればいい。

グリーン Putting Green

頻度 ★★

SCENE 09

マークする際うっかりボールを動かしてしまった

状況 グリーンに乗ったボールをマークするためコインを置こうとしたところ、うっかり指が当たってボールが少し動いてしまった。

動いちゃった…

罰打 0　**処置法** リプレース

ボールを**マーク**しようとしたり、逆に**リプレース**しようとする過程で、偶然にボールを動かしてしまった場合はペナルティはなく、動いたボールはリプレースすればいい。ただし、これはボールをマークしようとする具体的行為に基づく場合であり、持っていたパターが倒れてボールが動いたといったケースでは、1打のペナルティが科せられるので要注意。

Putting Green **グリーン**

頻度 ★★

SCENE 10
マークしたコインを
うっかり動かしてしまった

状況 同伴競技者のパットに気をとられ、ついうっかり自分のボールをマークしておいたコインを蹴飛ばしてしまった。

アッ！

罰打 1 | **処置法** **マークをリプレースする**

ボールを**マーク**する過程でコインが動いたのなら罰はないが、このように1度マークを完了したコインを動かした場合は、**インプレーのボール**を動かしたのと同じで上記のペナルティが科せられる。なお、1円玉など軽いものをボールマーカーとして使っていて、風などでそのマークが動いてしまった場合は罰はなく、動いたマークは**リプレース**すればいい。

グリーン Putting Green

頻度 ★★

SCENE 11

キャディーに傘をささせたまま パットした

状況 急に雨脚が強くなってきたので、キャディーに傘をさしてもらったままパットした。

罰打 2 | **処置法** そのままプレー続行

プレーの決断に関して**キャディー**から援助を受けるのは問題ないが、**ストローク**に際して物理的援助や、風雨などからの防護を受けると上記のペナルティが科せられる。つまり、パットを打つ前まではOKだが、そのまま打ってはダメということ。なお、きちんとしたストロークさえできれば、片手で傘を持ったまま、片手でパットしてもOKだ。

Putting Green グリーン

頻度 ★★★

SCENE 12
キャディーの指示でその足を目印にパットした

状況 ピンを持って立つキャディーから「私の左足ねらいで打ってください」とアドバイスされたので、足を目印にパットした。

罰打 2 **処置法** そのままプレー続行

キャディーの**アドバイス**なくしてなかなかハッキリとラインを読むのは難しいもの。しかし、このパッティングラインの指示は、**ストローク**前にのみ可能であり、また、その際でも**グリーン**面に触れたり、目印となるものを置くことは禁じられている。このケースの「キャディーの足」は目印を置いたのと同じとみなされるため、上記のペナルティとなる。

グリーン Putting Green

頻度 ★★

SCENE 13

マークしたボールをキャディーに転がして渡した

状況 ボールを拭いてもらおうと思い、マークして拾い上げたボールをグリーン上を転がしてキャディーに渡した。

「ボール拾いてください」

罰打 0 | **処置法** そのままプレー続行

このケースは非常に微妙な判定だが、単にボールを拭いてもらう目的で、たまたま遠くにいた**キャディー**にボールを渡そうとして行った行為なので、特にペナルティはつかない。ただし、グリーンの傾斜を知ろうという意図が少しでもあれば2打罰となる。このように第三者に「**グリーン面のテスト**では？」と疑われるような行為は、極力慎むようにすべきだろう。

Putting Green グリーン

頻度 ★★

SCENE 14

突然吹いてきた風でボールが動いた

状況 ボールの後方でラインを読んでいたところ、突風が吹き、止まっていたボールが20〜30cm転がった。

アリャ！

ヒュー

罰打 0 **処置法** **ボールが止まったところからプレー続行**

グリーン上でも風など自然現象によって止まっているボールが動かされた場合は、誰にもペナルティはなく、ボールが止まったところからプレーを続ければいい（➡P90）。万一、このケースで動いたボールが**ホール**に入ってしまえば、最後の**ストローク**でホールインしたものとみなされる反面、**バンカー**に落ち込めばバンカーショットを余儀なくされる。

グリーン Putting Green

頻度 ★★★

SCENE 15

ラインをまたぐようなスタイルでパットした

状況 ボールをタップインしようとしたが、同伴競技者のラインを踏みそうだったので、自分のラインをまたいでパットした。

同伴競技者のマーク

罰打 0

処置法 そのままプレー続行

通常**グリーン**上では、パッティングラインを踏んだり跨ぐようなスタンスで**ストローク**することは禁じられているが、このケースのように他のプレーヤーのパッティングラインを避けるためや、単純に不注意によって行った場合はペナルティは科せられない。ただし、そうはいっても両足を開いて股の間で打つ、クロッケースタイルでのパットは完全に違反だ。

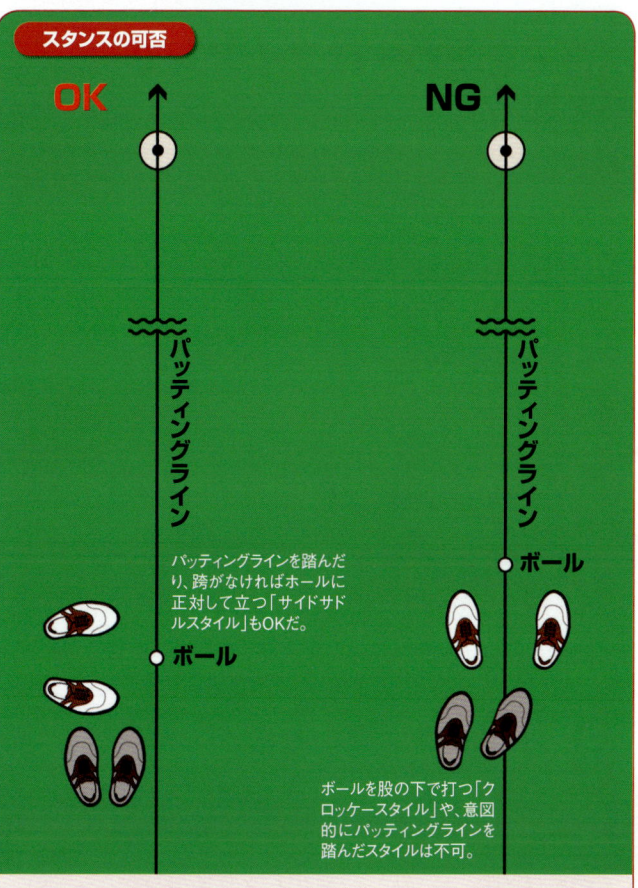

Putting Green グリーン

スタンスの可否

OK　　　　　　　　　　**NG**

パッティングラインを踏んだり、跨がなければホールに正対して立つ「サイドサドルスタイル」もOKだ。

● ボール

● ボール

ボールを股の下で打つ「クロッケースタイル」や、意図的にパッティングラインを踏んだスタイルは不可。

パッティングのスタンスは人さまざまだが、ルール上、許されるものと許されないものとある。

グリーン Putting Green

頻度 ★★

SCENE 16

パターを使わずにアイアンでパットした

状況 エッジからのショットがあわやチップイン！ バーディを逃した悔しさから、持っていたアイアンでボールをタップインした。

罰打 0 **処置法** **そのままプレー続行**

本ルールでは、どのクラブをどこで使えという決まりはない。したがって、**グリーン**でパター以外のクラブでパットしても、ルール上違反とはならない。しかし、どこのコースもグリーン保護の目的でローカルルールを設け、グリーン上でのパターの使用を義務づけているのが一般的なので、通常のプレーでは使用禁止と考えたほうがいい。

Putting Green **グリーン**

頻度 ★★

SCENE 17

片手に旗竿を持ったままパットした

状況 ピンそば5cmに止まったボールを、抜いた旗竿を持ったまま片手でタップインした。

チェッ！ボギーか・・・

罰打 0

処置法 そのままプレー続行

ボールを掻き寄せたり、押し出したりせず、きちんと**アドレス**をとって正しい**ストローク**を行ったのであれば、**旗竿**を持ったままのパッティングは違反とはならない。ただし、万一、抜いた旗竿がボールに当たると、2打のペナルティが科せられるので要注意。どんなに短くても1打は1打。最後まで気を抜かないことが大切だ。

グリーン Putting Green

頻度 ★★

SCENE 18

ラインを読む際、片手をグリーン面についた

状況 ロングパットのラインを読もうとしてかがんだところ、バランスを崩して片手をグリーンについてしまった。

罰打 0

処置法 そのままプレー続行

グリーン面をこすったり、引っ掻いたりすれば**グリーン面のテスト**とみなされるが、このケースのようにうっかり手をついた程度ではペナルティの対象とはならない。また、かりに手をついた場所がパッティングライン上であったとしても、故意に触れたわけではないので、やはりペナルティはない。

Putting Green グリーン

頻度 ★★★

SCENE 19

ボールの汚れをグリーン面で拭いた

状況 バンカーからオンしたボールが砂だらけだったので、マークして拾い上げ、ボールに付いた砂をグリーン面でぬぐった。

罰打 0

処置法 そのままプレー続行

グリーン面のテストという意図がなければペナルティは科せられない。このケースの他にも、雨の日のプレーなどでよく見かける光景だが、ルールには違反しなくても、エチケットの観点からはあまり感心しない行為といえる。また、何度もこのようなことを行うと、**同伴競技者**から「テストでは？」というクレームをつけられかねないので要注意。

グリーン Putting Green

頻度 ★★

SCENE 20

ホールから遠い同伴競技者のボールが動いているうちに打った

状況 打順を間違え、正しい打順で先にパットした同伴競技者のボールが動いているうちにパットしてしまった。

> オ、オイ！

罰打 2 | **処置法** そのままプレー続行

ホールから遠い順にプレーするのは原則だが、**ストロークプレー**ではこれに違反してもペナルティはない（➡P48）。ただし、**グリーン**上に限っては、パットされたボールが動いている間、他のプレーヤーはパットを行ってはならないことになっており、これに違反すると上記のペナルティとなる。

Putting Green グリーン

こんなケースはこう処置しよう

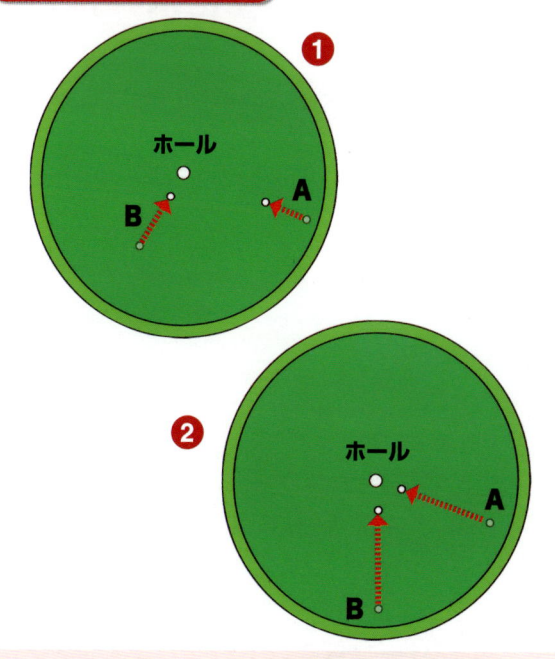

❶

ホール
B　A

❷

ホール
A
B

❶ホールから近いほうのプレーヤーが先に打ってしまった場合
　ホールから近いBが打順を間違えて先に打ち、それに気づかずにBのボールが止まらないうちにAがパットしてしまったときは、両者ともペナルティはつかず（ボールが衝突しない限り）、ボールが止まったところからプレーを続ければいい。

❷ほぼ同距離から打った場合
　A、Bともホールからほぼ同距離にあり、両者とも自分の打順だと思いこんでパットしてしまった場合も、両者とも無罰でボールが止まったところからプレーすればいい（ボールが衝突しない限り）。

グリーン Putting Green

頻度 ★★

SCENE 21
他のホールのグリーンにボールが乗ってしまった

状況 ショットしたボールが大きくスライスし、隣接するホールのグリーンに乗ってしまった。

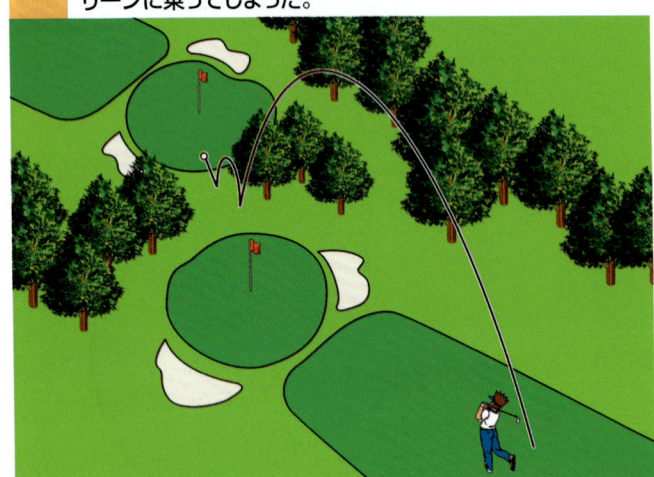

救済の有無

有

処置法 グリーン外にニアレストポイントを決定し、そこから1クラブレングス以内でホールに近づかない地点にドロップする

現にプレーしている**ホール**以外の**グリーン**に止まったボールはプレーすることができない代わりに、罰なしに上記の処置をとることが許されている。**ドロップ**エリアはそのグリーンを避けられる**ハザード**およびグリーンでない部分（通常は**スルーザグリーン**）に限られる。万一、そのままグリーン上からプレーしてしまうと2打罰となるので要注意。

Putting Green グリーン

頻度 ★★★

SCENE 22

サブグリーンにボールが乗ってしまった

状況 2グリーンのコースで、その日使用していないほうのグリーンにボールが乗ってしまった。

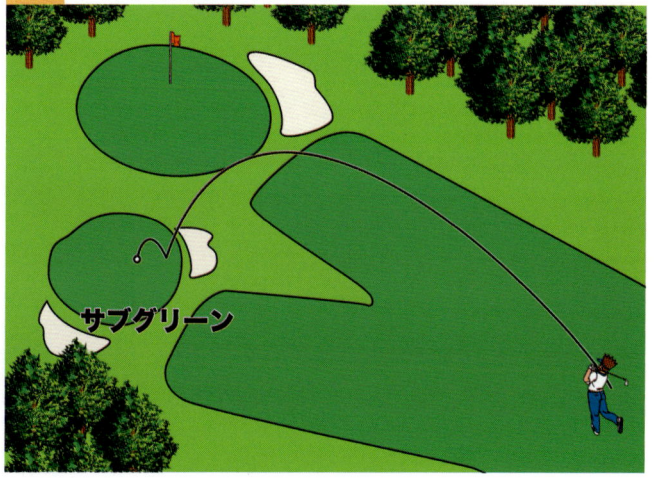

サブグリーン

救済の有無 **無**

処置法 そのままプレー続行
（ローカルルールがあればそれに従う）

2グリーンのコースで、その日使われていない**グリーン**を**サブグリーン**と呼ぶ。ルール上このサブグリーンは、**スルーザグリーン**の一部として扱われるため、ここにボールが止まった場合は、そのままプレーしなければならない。ただし、別途ローカルルールを設け、サブグリーンからのプレーを禁じているコースでは、それに従わなければならない。

グリーン Putting Green

頻度 ★★★

SCENE 23

10cm前後のパットをOKとしてボールを拾い上げた

状況 同伴競技者から「OK」と声がかかったので、残り10cm前後のショートパットを省略してボールを拾い上げた。

罰打 1 | **処置法** **ボールをリプレースしてホールアウトする**

OK（正しくはコンシード）は**マッチプレー**にのみ許されたルールであり、**ストロークプレー**ではどんなに短くても、最後までホールアウトしなければならない。このケースではボールを拾い上げてしまったので、1打の罰を加えて上記の処置をとる必要がある（次のホールのティーショットを打ってしまうと競技失格）。

Putting Green グリーン

頻度 ★★

SCENE 24
ホールの縁に止まったボールを20秒以上見守った

状況 バーディパットがほんの僅かショート。悔しい気持ちを抑えられず、ホールのふちのボールを20秒近く見守った。

「もうちょっとで落ちそうなんだけど・・・」

罰打 2 | **処置法** そのままプレー続行

このような場合、プレーヤーに認められているのは、通常の歩行で**ホールに歩み寄る時間に加えて、様子を見る時間としての10秒間だけ**。10秒を経過した後にボールが落ち込んだ場合は、ホールインは有効だが1打のペナルティが科せられる。このケースのように20秒以上も待ち続けたとなると、**プレーの遅延**として上記の罰は免れない。

グリーン **Putting Green**

頻度 ★★

SCENE 25

パッティングライン上に水溜まりがある

状況 ボールとカップとの間のライン上に水溜まりがある。このままではストロークに影響が出そうなのだが……。

どうしよう・・・？

救済の有無

有

処置法 **マークしてボールを拾い上げ、ハザード以外のニアレストポイントにプレースする**

このような場合も、**カジュアルウォーター**からの救済が受けられるが、その処置のしかたは**スルーザグリーン**とやや異なり、パッティングラインがその水溜まりを避けられる地点（**救済のニアレストポイント**）にボールをプレースすることで行う。なお、この場合、**ハザード**以外であればニアレストポイントは**グリーン**上だけに限定されない（➡P185）。

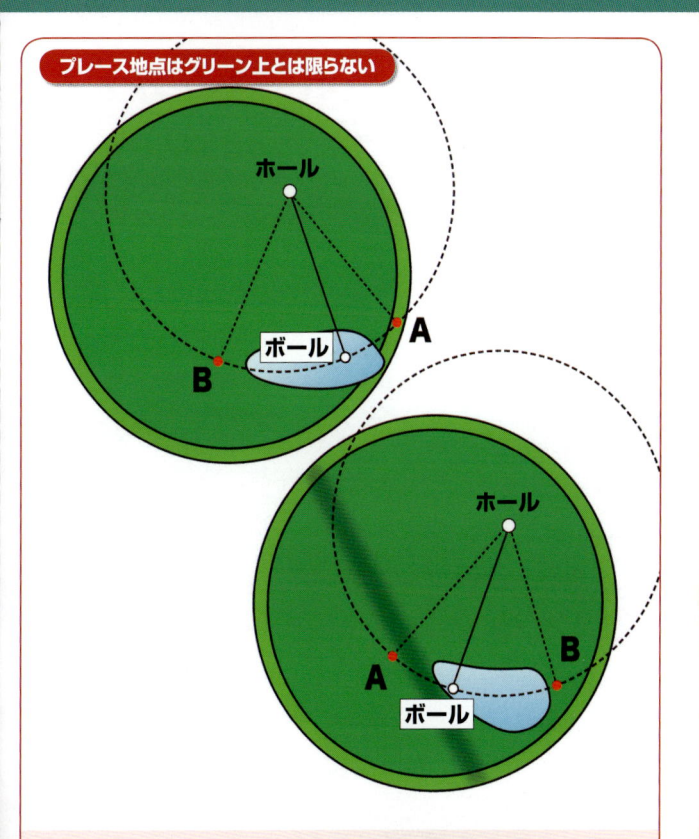

Putting Green グリーン

プレース地点はグリーン上とは限らない

グリーン上にあるカジュアルウォーターから救済を受ける際のニアレストポイントは、ハザード以外であればどこでもよいことになっている。上図のA、Bはともにホールから等距離にあるが、ニアレストポイントはあくまでもBではなくA。救済を受ける場合は必ずAにプレースしなければならない（もちろん、そのままプレーしても可）。

グリーン Putting Green
頻度 ★★

SCENE 26

カラーから打ったボールがカップと旗竿の間にはさまった

状況 カラーからランニングアプローチしたボールが、カップと旗竿の間にはさまって止まった。

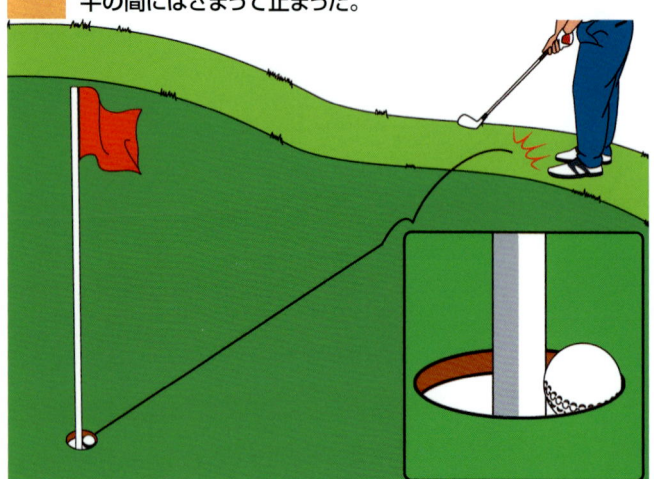

罰打 0

処置法 静かに旗竿を抜いてボールを落とす

いわゆるチップインとなるケース。しかし、このように**旗竿**と**カップ**との間にはさまり、ボールの一部が**ホール**のふちより出ている場合は、そのままではホールインは認められず、ボールを完全にホールに落ち込ませる必要がある。万一、旗竿を引き抜いたときにボールが飛び出てしまうと、ホールのふちに**プレース**してパットしなければならなくなる。

Putting Green **グリーン**

頻度 ★★

SCENE 27

パットしたボールが旗竿に当たってホールに入った

状況 まさか入らないだろうと思って打ったロングパットが一直線にカップへ。立てたままの旗竿に当たって見事カップインした。

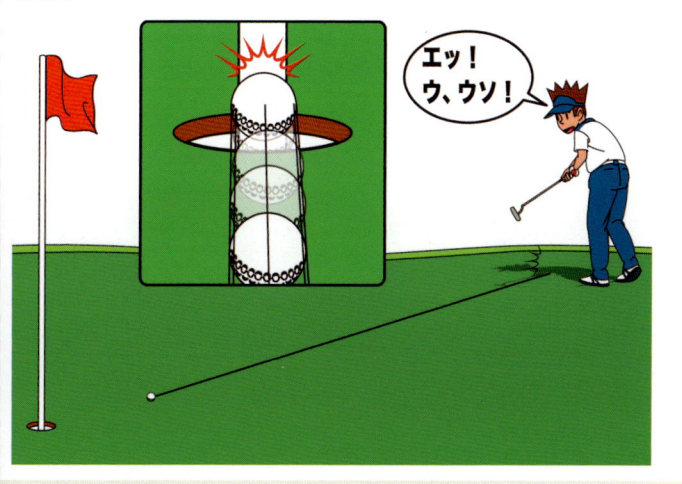

エッ！ウ、ウソ！

罰打 2

処置法 ホールインは認められる

このケースはホールインは認められるものの、**グリーン**上からプレーしたボールを**旗竿**に当てたペナルティが科せられる。寄せるだけと思ったのかもしれないが、こんなときに限ってラインに乗ってしまうのが初心者の運のなさといえる。なお、旗竿に弾かれた場合は、2打罰を科したうえでボールが止まったところからプレーを続けることになる。

グリーン Putting Green

頻度 ★★

SCENE 28

ロングパットを打った後キャディーに旗竿を取り除かせた

状況 キャディーがよそ見をしているうちに打ったパットがあわやカップイン。あわててキャディーに声をかけてピンを抜かせた。

罰打 0 | **処置法** そのままプレー続行

旗竿の取り除きは誰が行ってもいいことになっているうえ、ボールが動いている間に旗竿を取り除いても、特にペナルティはない。ただし、慌てて取り除きに行った**キャディー**自身や、取り除いた旗竿にボールが当たってしまった場合は、そのプレーヤーに2打罰がつく。やはりパットを打つ場合は、あらかじめキャディーを旗竿に付き添わせるのことが大切だ。

Putting Green グリーン

頻度 ★★

SCENE 29

強く打ちすぎたボールが置いてあった旗竿に当たった

状況 下りのパットをつい打ちすぎ、オーバーしたボールがグリーンのカラー近くに置いてあった旗竿に当たってしまった。

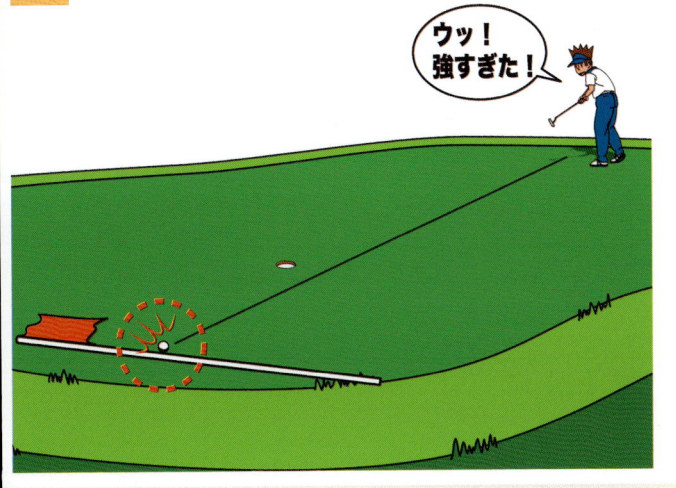

> ウッ！強すぎた！

罰打 2 | **処置法** **ボールが止まったところからプレー続行**

そこに置いたのが誰であったにせよ、**旗竿**がそこにあることを知っていてパットしたのであれば、上記のペナルティは免れない。これを許してしまえば、早い下りのラインで、**カップ**の先がすぐ池といったケースなどで、旗竿を防波堤代わりにするのもOKとなってしまう。旗竿は人工物ではあるが、ボールがグリーン上にある場合は**障害物**には該当しない。

グリーン Putting Green

頻度 ★★

SCENE 30

パットしたボールが同伴競技者のボールに当たった

状況 当たるはずがないと思ってパットしたボールが、マークせずに置いてあった同伴競技者のボールに当たってしまった。

あ、当たっちゃった！

罰打 2 | **処置法** ボールが止まったところからプレー続行

このように2つのボールが**グリーン**上にあるケースで、パットしたボールが止まっているボールに当たった場合は、当てたほうのプレーヤーに2打のペナルティが科せられ、ボールが止まったところから次のパットを行うことになる。当てられたプレーヤーには罰はなく、動いたボールは**リプレース**してプレーすればいい。

Putting Green グリーン

ボールが当たった場合の対処法

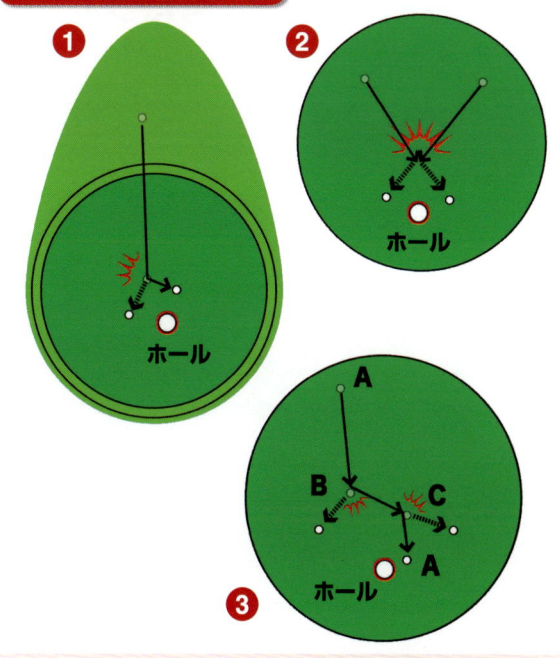

❶ グリーン外からプレーしたボールが、グリーン上のボールに当たった場合
どちらにも罰はなく、当てたボールは止まったところから、当てられたボールはリプレースしてプレーする。

❷ グリーン上から同時に打ったボールが当たった場合
打順に関係なく、どちらにもペナルティはない。両者ともそのストロークを取り消し、正しい打順で再プレーする。

❸ パットしたボールが2つ以上のボールに連続して当たった場合
パットしたボールが、グリーン上に止まっている複数のボールに連続して当たっても、ペナルティは2打まで（処置は❶と同じ）。

グリーン Putting Green
頻度 ★

SCENE 31
同伴競技者のボールに当たってホールインした

状況 寄せておこうとして打ったロングパットが、カップ近くに止まっていた同伴競技者のボールに当たってホールインした。

は、入った！？

カコン！

罰打 2 **処置法** ホールインは認められる

当たったボールがホールインしてしまった場合は、ホールイン自体は有効で、その**ストローク**でホールアウトしたものとみなされる。しかし、ボールを当てたことに対する2打のペナルティは免れない。なお、前ページの②のケースで、どちらかのボールがホールインしたとしても、それは取り消しで両者とも**リプレース**のうえ、再プレーとなる。

Putting Green グリーン

ホールインしたボールの対処法

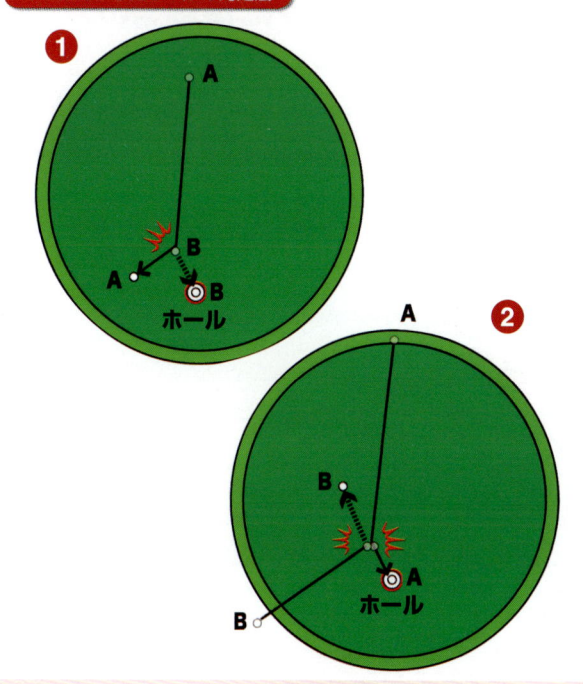

❶当てられたボールがホールインした場合
左ページのケースで、逆に当てられたほうのボールがホールインしてもそれは認められず、リプレースとなる。

❷お互いにグリーン外からアプローチしたボールがグリーン上で当たり、片方がホールインした場合
どちらにも罰はなく、両者ともボールが止まったところからプレー続行（ホールインは有効）。

グリーン Putting Green

頻度 ★

SCENE 32
グリーン上のボールに後続組のボールが当たった

状況 マークせずに置いてあったボールに、後続組が打ち込んできたボールが当たってしまった。

「フォアーッ！」

「アッ！危ない！！」

カチン！

罰打 0

処置法 リプレースしてプレー

後続組のボールは**局外者**にあたるので、罰なしに上記の処置をとればよく、また、かりにパットして動いているボールに、後続組のボールが衝突した場合は、罰なしにその**ストローク**を取り消し、再プレーとなる。万一、当てられたボールが池や崖下などに落ちてすぐに取り返せない場合は、別のボールに取り替えることも可能だ。

PART 7
Other Rules

その他のルール

その他のルール Other Rules

頻度 ★★

SCENE 01

15本のクラブを持ってラウンドした

| 状況 | 練習のとき使った予備のドライバーをバッグに入れたのを忘れ、15本のクラブで1番ホールをプレーしてしまった。 |

アリャ！1本多い

罰打 2 | **処置法** 超過クラブの不使用宣言をする

ラウンド中に使用できるクラブの本数は14本以内と決められており、15本以上のクラブを持ってスタートしてしまうと、1ホールについて2打のペナルティが科せられる（ただし、1ラウンド中4打罰までが限度）。このケースは1番ホールを終了した時点で気づいたわけだから、ペナルティは2打となる。

Other Rules その他のルール

頻度 ★

SCENE 02

ドライバーが折れたので
ハーフタイムに交換した

状況 午前中のラウンドでドライバーのシャフトが折れてしまったので、ハーフタイム時に予備のクラブと交換した。

入れていてよかった！

罰打 0

処置法 そのままプレー続行

ラウンド中、通常のプレーでクラブが損傷した場合は、プレーを不当に遅延させない限り、補充したり取り替えたりすることが可能だ。このケースはハーフタイム時に取り替えを行っているので、もちろん無罰。ただし、その**コース**でラウンドしているすべてのプレーヤーが、ラウンドのために使用しているクラブは一切借りられないので要注意。

その他のルール Other Rules
頻度 ★

SCENE 03

貼ってあったバランス鉛を
ラウンド中にはがした

状況 何かクラブが重く感じたので、5番ホールのティーショットを打つ前にヘッドに貼ってあったバランス鉛をはがしてから打った。

> 今日はないほうがいいな・・・

罰打

競技失格

処置法 **ラウンドは無効**

クラブにバランス鉛を貼るといったクラブの調整は、ラウンド前にやっておくぶんには何ら問題がないが、スタート後にクラブの性能を変更させてしまうと、競技失格という厳しい罰が科せられる。ただし、貼ってあった鉛がラウンド中、偶然取れてしまったという場合は罰はなく、そのままの状態でプレーしても、元のように貼り直してもOKだ。

Other Rules その他のルール

頻度 ★★★

SCENE 04

ラウンド中に同伴競技者から打ち方を教わった

状況 ミスショットが続いたので、同伴競技者にアイアンの打ち方を教わった。

> 腰がスエーしてるよ・・・

> どこが悪いんでしょうね？

罰打 2（両者とも）

処置法 そのままプレー続行

これは完全な**アドバイス**違反。聞いたほうも、教えたほうも2打のペナルティが科せられる。**同伴競技者**に聞けるのはピンの方向やバンカーの位置など公知の事実だけであり、ボールの打ち方やプレーの方法などを尋ねると上記のペナルティとなる（相手が答えなければ無罰。➡P76）。ただし、自分の**キャディー**にアドバイスを求めてもペナルティはない。

その他のルール Other Rules

頻度 ★★★

SCENE 05

聞いてもいないのにスイングの間違いを指摘された

状況 フェアウエーを歩いているとき、さっきのミスショットの原因について同伴競技者が勝手にアドバイスしてきた。

> 下半身の開きが早いね

罰打 2（教えた人に） **処置法** **そのままプレー続行**

「いらぬお節介」とはこのことで、かりにその言葉が耳に入ってしまったとしても、**アドバイス**されたほうには罰はなく、アドバイスした同伴競技者に2打のペナルティが科せられる。「教え魔」と呼ばれるゴルファーは多々いるが、ラウンド中にこうしたアドバイスを行うと、とんだ罰を食うことになる。

Other Rules その他のルール

頻度 ★★

SCENE 06
同伴競技者のクラブで打ってしまった

状況 ティーショットを打った後、キャディーから渡されたクラブが同伴競技者のものであったことに気づいた。

「それオレのクラブ!」

「エッ!」

罰打 2

処置法 そのままプレー続行

ついうっかりであっても、他のプレーヤーのクラブを使ってしまうと上記のペナルティが科せられる。**同伴競技者**が使っている新製品のドライバーを「ちょっと打たせて」と使うのも同様だ（2回以上使用しても4打罰が限度）。なお、**キャディー**とプレーヤーは一心同体。「キャディーが間違ったんだから……」という言い訳は一切通じない。

その他のルール Other Rules
頻度 ★★

SCENE 07

実際より少ない打数を記入して
スコアカードを提出した

状況 慌ててスコアカードを提出した後で、10番ホールのスコアが実際より1打少なかったことに気づいた。

アッ！
10番ホールの
ペナルティ
つけ忘れた！

罰打
競技失格

処置法 ラウンドは無効

ゴルフゲームは、スコアカードを提出してはじめて競技終了となる。このスコアカードの提出は、自分のプレーを自己申告することであるから、うっかりであってもスコアの過少申告には、競技失格という厳罰が科せられる。なお、スコアの過少申告が問題とされるのは各ホールの数字のみ。合計のスコアが間違っていても（計算違い）問題はない。

Other Rules その他のルール

頻度 ★★

SCENE 08

実際より多い打数を記入して スコアカードを提出した

状況 スコアカードを提出した後、誤って7番ホールのスコアを1打多く記入していたことを同伴競技者から指摘された。

罰打 0

処置法 提出したスコアが採用される

前項とは逆に、各ホールのスコアを実際より多く記入して提出した場合は、そのままのスコアが採用される。この過大申告に関しては、プレーヤーを有利にする要素はまったくないので、特にペナルティはない。過少申告であれ、過大申告であれ、スコアカードは一度提出してしまうと後から変更はきかないので、十分注意することが大切だ。

その他のルール Other Rules
頻度 ★★

SCENE 09

サインを忘れてスコアカードを提出した

状況 スコアのチェックに気をとられ、プレーヤーの署名欄にサインをするのを忘れてカードを提出してしまった。

アレ？
名前が書いてない

罰打
競技失格

処置法 ラウンドは無効

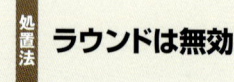

プレーヤーはプレー終了後、各ホールのスコアをチェックした後、**マーカー**から**アテスト**のサインをもらい、自分も**アプルーブ**のサインをしたうえで速やかにスコアカードを提出しなければならない。通常のプレーでは**同伴競技者**同士がお互いのマーカーを兼ねるが、このアテスト、アプルーブのいずれのサインが抜けていても競技失格となる。

PART 8
Keyword

これだけは覚えておきたい
ルールのキーワード

ルールのキーワード Keyword
Keyword　ア行

用語の意味を知ればルールはやさしい

ゴルフルールをマスターする近道は、何といっても用語の意味を正確に理解すること。これさえできていれば条文をすべて覚えなくても、状況に応じた判断は十分可能だ。そこで、この章ではルールで規定された用語の定義に加え、付随するいくつかのゴルフ用語を紹介してみた。本文の解説文中、太ゴシックで表記されている用語を50音順で紹介してあるので、迷ったときには何度でも参照してほしい。

ア行

アウトオブバウンズ

「アウトオブバウンズ（out of bounds）」とは、プレー禁止区域のこと。いわゆるOBの正式名称で、ここに入ったボールはプレーすることができず、1打のペナルティを加えてそのボールをプレーした前位置から打ち直しとなる（→P38）。

このOBエリアは白杭もしくは白線で明確に標示されており、その境界線は、隣り合った杭と杭との内側（コース側）を結んだライン（白線の場合は、その線自体）にボールの一部が掛かっているか否かで判定される。ちなみに、このアウトオブバウンズに対して、プレー可能な区域エリアをインバウンズと呼ぶことがあるが、これはコースと同義語。

OBエリアを示す白杭（波線の左側がOBエリア）。

Keyword ルールのキーワード

Keyword　ア行

アテスト

「アテスト」とは、スコアに誤りがないことを証明するマーカー（➡P230）のサインのこと。競技終了後は、必ず自分のマーカーからこのサインをもらい、自分もアプルーブ（➡P208）のサインをしてスコアカードを提出しなければならない。この2つのサインのいずれかが抜けていても競技失格となる。

アドバイス

「アドバイス」とは、プレーの方法や決断、またクラブ選択などに影響を与えるような助言をいう。通常のストロークプレーでは、このアドバイスが受けられるのは、自分のキャディーのみ。同伴競技者などからアドバイスを受けたり、逆にアドバイスを行うと2打のペナルティが科せられる（➡P76）。

　なお、グリーンの方向やバンカーの位置など、周知の事実について教えることはアドバイスにはあたらない。

アドレス

「アドレス」とは、ボールを打つための構えをいうが、ルール上では、スタンスをとってクラブを地面につけた段階で（クラブを浮かせて構える場合は、ソールしなくともヘッドが静止すれば）、アドレスしたとみなされる。

　なお、ハザード内ではクラブヘッドを砂や水につけることが禁止されているため、スタンスをとった時点でアドレスしたとみなされる。

ボールを打つための構えがアドレス。

ルールのキーワード Keyword
Keyword　ア行

穴掘り動物
「穴掘り動物」とは、もぐらやうさぎ、野ねずみなど、住み家として穴を掘る習性のある動物をいう。これらの動物によって掘られた穴や、盛り上げられた土がプレーの妨げとなるケースは、異常なグラウンド状態と認定され、罰なしにボールをドロップすることが許されている（➡P65）。

アプルーブ
「アプルーブ」とは、自分のスコアに誤りがないこと証明する競技者自身のサインのこと。マーカーからもらうアテスト（➡P207）のサインと、このアプルーブのサインを記入せずにスコアを提出してしまうと競技失格となる（➡P204）。

アンプレヤブル
「アンプレヤブル」とは、プレーが不可能と判断したときに行う宣言のこと。アンプレヤブルは、ボールがウォーターハザード以外の場所にあるときなら、プレーヤー自身の判断でいつでも宣言することができる。
　アンプレヤブルを宣言した場合、その後の処置として1打のペナルティを加えて、以下の3つの処置のいずれかを選択することができることになっている。

①そのボールをプレーした前位置に戻って再プレーする（前位置がティーインググラウンドの場合はティーアップ可。また、スルーザグリーンやハザードの場合はドロップ、グリーン上の場合はプレースしてプレーする）。
②ボールの止まっている地点とグリーンを結んだ線上で、そのボールの後方延長線上（距離に制限はない）にドロップしてプレーする。
③ボールが止まっている地点から2クラブレングス以内で、ホールに近づかない地点にボールをドロップしてプレーする。

　なお、バンカー内からアンプレヤブルで、上記②、③の処置を選ぶ場合は、ドロップは必ずそのバンカー内に行わなければならないことになっている。

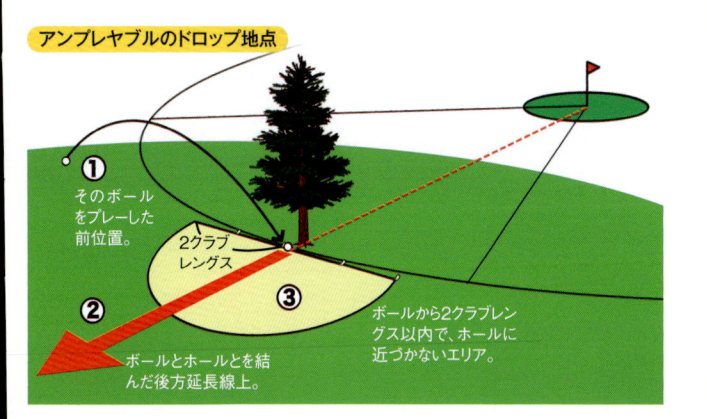

Keyword ルールのキーワード

Keyword　ア行

アンプレヤブルのドロップ地点

① そのボールをプレーした前位置。
② ボールとホールとを結んだ後方延長線上。
③ ボールから2クラブレングス以内で、ホールに近づかないエリア。

2クラブレングス

インプレーのボール

「インプレーのボール」とは、そのホールでプレーしているボールのこと。ティーショットを打ってから、そのホールをホールアウトするまでがインプレーであり、ルールで認められた場合を除き、この状態にあるボールは"あるがままの状態"でプレーしなければならない。

ウォーターハザード

コース内にある水域がウォーターハザード。水がなくても標示があればウォーターハザードとなる。

「ウォーターハザード」とは、コース内にある池や川、湖、海などの水域のこと。通常このエリアは黄杭または黄線で標示されているが、標示がなくても、ふたのない排水路や溝などの水域（実際に水があるなしに関わらない）もこれに含まれる。

ルールのキーワード Keyword

Keyword　ア行

動いたボール

「動いたボール」とは、ストローク以外で止まっていたボールが、その位置から別の位置に移動した場合をいう。風など自然現象が原因で起こる場合が多いが、アドレスに入ってからボールが動くと、原因はどうあれプレーヤーが動かしたとみなされる。

なお、クラブヘッドがボールに触れてボールが揺れても、元の位置に戻れば動いたボールとはならない。

OK（オッケー）

「OK」とは、相手が次のストロークでホールアウトするのが確実である場合に、パットの省略を認める言葉。正しくは「コンシードする」というが、この省略はマッチプレーにおいてのみ認められたルール。通常のストロークプレーではパットの省略は認められておらず、必ず最後までホールアウトしなければならない（➡P182）。

OB（オービー）

「OB」とは、「OUT OF BOUNDS」の略称。アウトオブバウンズと同義（➡P206）。

オナー

「オナー」とは、そのホールの第1打を最初に打つ人のことで「栄誉」または「敬意」という意味を表す尊称。スタートホールの場合は、くじ引きやジャンケンなどでオナーを決め、2ホール目からは前ホールのスコアが最もよかった人がオナーとなる。

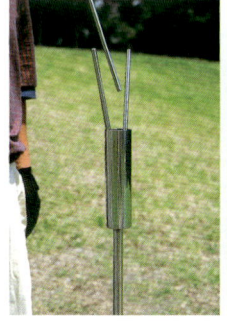

スタートホールでは、ティーインググラウンド近くに設置されているクジでオナーを決める。

Keyword ルールのキーワード

Keyword　ア・カ行

オブザーバー

「オブザーバー」とは、審判員を補佐し、プレーヤーにルール違反があればそれを審判員に報告する役目の人をいう。これも一般のプレーではあまりつくことはない。

カ行

カジュアルウォーター

「カジュアルウォーター」とは、雨などによってできたコース上の一時的な水溜まりのこと。一見してそれとわかるようなケースはもちろん、そのままでは水が見えなくても、スタンスをとったときに水がしみ出てくるようなら、その場所はカジュアルウォーターと認定される。ここにボールが止まったり、スタンスがかかるような場合は、罰なしに救済が受けられる（➡P74）。

　なお、雪や天然の氷はプレーヤーの任意でカジュアルウォーターか、ルースインペディメント（➡P234）のどちらかとして扱うことができる。

キャディー

「キャディー」とは、クラブを持ち運んだり、プレーヤーを援助する人のこと。ストロークプレーの場合、唯一の味方だ。

　プロの競技とは異なり、一般的なラウンドでは1人のプレーヤーに専属のキャディーがつくことはまれで、1組に1人ないし2人のキャディーがつくケースがほとんど。このように1人が複数のプレーヤーのキャディーを兼任する場合のキャディーを「共用のキャディー」と呼ぶ。この共用のキャディーの場合、ある特定のプレーヤーのために行動していたときは、他のプレーヤーにとっては一時的に局外者（➡P217）となる。

ストロークプレーではキャディーは唯一の味方。

ルールのキーワード Keyword
Keyword　カ行

救済のニアレストポイント

「救済のニアレストポイント」とは、障害物やカジュアルウォーター、修理地などから救済を受ける際、ボールをドロップするエリアを決める基点のこと。ニアレストポイントは以下の3つの条件を満たす地点でなくてはならない。

①ボールのある位置に最も近い地点であること。
②ボールのある位置よりホールに近づかない地点であること。
③その障害を避けてストロークすることが可能な地点であること。

　なお、上記③に該当する地点は、その障害がなかったら次のショットで使うつもりのクラブを使って決めることになっている。

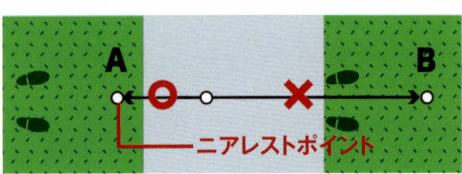

ホールに近づかずに障害を避け、かつ最もボールに近い地点がニアレストポイントだ。

局外者

「局外者」とは、通常のストロークプレーでは、自分とキャディー、プレー中のボール、または携帯品以外の人や物、動物などをいう。同伴競技者や審判員、オブザーバー、マーカー、フォアキャディー、グリーンキーパーなどのコース管理者、ギャラリーなどが主な局外者。また、コース整備車や犬、カラスといった人以外のものも局外者に該当する。

トーナメントのギャラリーは、ルール上では局外者。

クラブレングス

「クラブレングス」とは、クラブの長さのこと。ルールブックの定義にはないが、ドロップエリアなどを計測するうえで基準となる単位だけに必ず覚えておきたい言葉だ。1クラブレングスといえば、クラブ1本分の長さであり、2クラブレングスといえば、同じクラブ2本ぶんの長さをいう。

使用するクラブの番手は決められていないが、シャフトが最も長いドライバーを用いるのが一般的だ。

グリーン面のテスト

「グリーン面のテスト」とは、砂のテストと同様、ボールがグリーンにあるとき、そのグリーンの芝の状態を知る目的で、手やクラブでグリーン面をこすったり、引っ掻いたりする行為をいう。違反は2打罰。

グリーン面を手でこするとテストとみなされる。

ルールのキーワード Keyword

Keyword　カ行

携帯品

「携帯品」とは、プレー中のボールとティーやボールマーカーなどの小物を除いた、自分の持ち物（クラブやキャディーバッグ、タオル、グローブ、傘など）とキャディーの持ち物（目土袋やタオル、水筒など）をいう。

なお、クラブを運ぶためのカートも携帯品に含まれるが、1組のクラブをすべて運ぶ共用カートは、自分以外のプレーヤーのために動いていた場合に限り、携帯品ではなく、一時的に局外者として扱われる。

これらはすべて携帯品。

コース

「コース」とはプレーが許されている場所の全域をいう。一般的にコースというと、○○カントリークラブとか、××ゴルフコースといったゴルフ場全体を指すことが多いが、ルール上ではティーインググラウンドやスルーザグリーン、ハザード、グリーンなど、実際にプレー可能な区域を指す。

したがって、クラブハウスなどの建物やOBエリアなどのプレー禁止区域は、コースには含まれない。

コースとはプレー可能な全エリアをいう。

Keyword ルールのキーワード
Keyword カ・サ行

誤球

「誤球」とは、誤って自分のインプレーのボール以外のボールを打ってしまうこと。一般的には同伴競技者や、他の組のプレーヤーのボールを自分のものと勘違いしてプレーしてしまうことをいう。違反は2打罰だが、誤球をプレーしたストロークはスコアに算入されない。

誤所からのプレー

「誤所からのプレー」とは、間違った地点にドロップやリプレースを行い、そのままプレーしてしまったケースをいう。違反は2打罰。また、再度正しい位置からプレーし直さないと競技失格となるケースもある。

サ行

暫定球

「暫定球」とは、ショットしたボールがOBや紛失球になりそうだと判断した場合に、打ち直しに戻る時間を短縮する目的で打っておく仮の球をいう。
　この暫定球は、上記のような状況であればプレーヤーの判断で何度でもプレーが可能だが、ショットの前には暫定球をプレーする旨を宣言しなければならず、また、初球が見つかった場合は暫定球は放棄しなければならない。

サブグリーン

「サブグリーン」とは、1つのホールにベント芝と、高麗芝の2つのグリーンを配したコースで、その日使用していないグリーンのこと。グリーンという名はついているが、ルール上ではスルーザグリーンの一部と見なされる。

その日使用禁止になっているグリーンがサブグリーン。

ルールのキーワード Keyword
Keyword　サ行

障害物

「障害物」とは、コース上にある人工物のこと。この障害物には「動かせる障害物」と「動かせない障害物」とがあり、これらがスイングの妨げとなるような場合、前者はそのもの自体を、後者はボールを、それぞれ無罰で移動させてプレーすることができる。

　動かせる障害物には、鉛筆や空き缶、タバコの吸い殻、バンカーならし、OB杭以外の標示杭などがあり、動かせない障害物としては、ベンチや排水溝のふた、スプリンクラー、橋、カート道路(人工の表面をもったもの)、樹木の支柱などがある。

障害物には動かせる障害物(❶、❷、❸)と、動かせない障害物(❹、❺、❻)とがる。

Keyword ルールのキーワード

Keyword　サ行

修理地

「修理地」とは、文字通りコース上の修理が必要な区域のこと（アンダーリペアとも呼ばれる）。通常、青杭または白線で囲んで標示されるが、工事などの目的で一時的に積み上げられている材木や石、切り芝、また、他に移すつもりで置かれている樹木などは、標示がなくても修理地に含まれる。

青杭または白線で標示された部分が修理地。

審判員

「審判員」とは、プレー中に起きた様々なトラブルをルールに従って解決する役割の人をいう。プロのトーナメントでは必ずいるが、アマチュア競技では、よほど大きな大会でないと審判員がつくことはまれだ。
　ゴルフコースは広く、1人ひとりのプレーすべてに審判員がジャッジを下すのは不可能なこと。やはりプレーヤー1人ひとりが自らのプレーを正しくジャッジする審判員でなければならない。その意味でも、ルールはしっかりと頭に入れておくことが大切だ。

スタンス

「スタンス」とは、ストロークのために足の位置を決めることをいう。スクエアスタンスやオープンスタンス、クローズスタンスなど、足の向きや広さは人さまざまだが、どんな形でもボールを打つ意思をもって足の位置を決めれば、スタンスをとったとみなされる。

ボールを打つために足の位置を決めるのがスタンス。

217

ルールのキーワード Keyword

Keyword　サ行

ストローク

「ストローク」とは、ボールを打つ意思をもってクラブを前方に動かすことをいう。ここでいう前方とはホールの方向を指すため、バックスイングからトップまではストロークにはあたらない。

　また、クラブを前方に動かしたとしても、ボールより手前でダウンスイングを意識的に中止した場合は、ストロークしたとはみなされないが、空振りなど、実際にボールを打たなくてもボールの位置をヘッドが通過してしまえば、ストロークしたことになる。

> ダウンスイングのスタート以後がストローク。

ストロークプレー

「ストロークプレー」とは、規定ホールの総打数（グロススコア）によって勝敗を決める競技方法のこと。プロアマを問わず、現在最も一般的に行われている競技方法である。

　通常、アマチュアのコンペでは18ホールの総打数からその人のハンディキャップを引いた数字（ネットスコア）で競われることが多いが、プロのトーナメントでは、4日間（または3日間）、72ホール（54ホール）の総打数で順位を決定する。

> プロのトーナメントもほとんどはストロークプレー。男子は4日間、72ホールで競われるが、女子は3日間、54ホールの競技がほとんどだ。

Keyword **ルールのキーワード**

Keyword　サ行

砂のテスト

「砂のテスト」とは、ボールがバンカー内にある場合に、そのバンカーの砂の状態を知る目的で、ショットの前に体やクラブなどで砂に触れたケースをいう。

砂を手で触ると砂のテストとみなされ、2打罰となる。

スルーザグリーン

「スルーザグリーン」とは、現にプレーしているホールのティーインググラウンドとグリーン、それにすべてのホールのハザードを除いたコース全体を指す。

したがって、ルール上ではフェアウエーやラフ、林といった区別はなく、すべてスルーザグリーンとして1つに統一される。

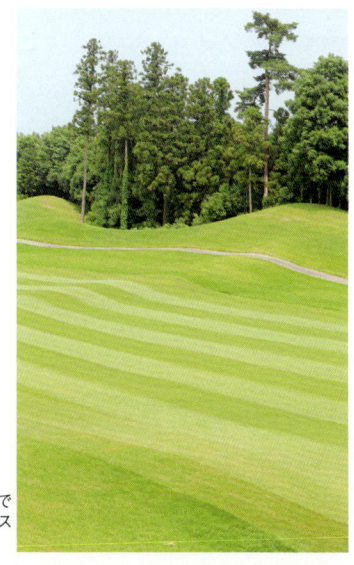

フェアウエーだけでなく、ラフや林もスルーザグリーン。

ルールのキーワード Keyword

Keyword　タ行

タ行

ティー

「ティー」とは、ボールを地面から離して置くための球座のこと。木製やプラスチック製など材質や形は様々だが、ティーの長さは4インチ（101.6mm）以下に制限され、球の動きに影響を与えるような形状であってはならないと決められている。

101.6mm以下

ボールをティーアップするための用具。
ティーペッグともいう。

ティーアップ

「ティーアップ」とは、ボールを地面から浮かせて置くために、ティーなどの上にボールを乗せる行為のこと。ティーインググラウンドからの第1打を打つ場合に限り許される行為。

ドライバーのティーアップ。

ティーインググラウンド

「ティーインググラウンド」とは、各ホールの第1打を打つ場所のこと。日本では通称「ティーグラウンド」と呼ばれている。通常、スルーザグリーンより一段高く盛り土されており、ティー区域を標示するためのティーマーカーが設置されている。ただし、この盛り土の部分すべてがティーインググラウンドというわけではなく、設置された2つのティーマーカーの外側を結ぶラインと、

Keyword ルールのキーワード

Keyword　タ行

その後方2クラブレングス（➡P224）の奥行きで囲まれた長方形のエリアに限定される。

ティーマーカーの後方2クラブレングスがティーインググラウンド。

ティーマーカー

「ティーマーカー」とは、ティーインググラウンドの範囲を決めるために置かれた標示物のこと。多くのコースでは、プレーヤーのレベルに合わせて距離の異なるティーインググラウンドが設置されており、ティーマーカーの色によって使用するティーインググラウンドが区別されている。

ティーインググラウンド上のティーマーカー。形やデザインはコースによってさまざまなものがある。

同伴競技者

「同伴競技者」とは、ストロークプレー（➡P234）で同じ組でラウンドするプレーヤーを指す。マッチプレー（➡P234）で同じ組でラウンドするプレーヤーは同伴競技者ではなく、パートナーと呼ぶ。

　なお、「競技者」という言葉は、一般的にはプレーする人すべてをいうが、

ルールのキーワード Keyword

Keyword　タ行

ルール上ではストロークプレーの場合のプレーヤーを指している。

ストロークプレーで同じ組で回るプレーヤーが同伴競技者。

ドロップ

「ドロップ」とは、スルーザグリーンやハザードからルールに基づいて救済を受ける場合などで、直立して持ったボールを地上に落とす行為をいう。

直立して立ち、ボールを持った腕を肩の高さに上げて真っすぐ伸ばし、静かにボールを離すのが正しいドロップのしかた。また、その際、ルールで決められた地点に直接ボールを落とさなければならないことになっている。

なお、ドロップしたボールが以下のような状態になった場合は、再ドロップが必要になる。

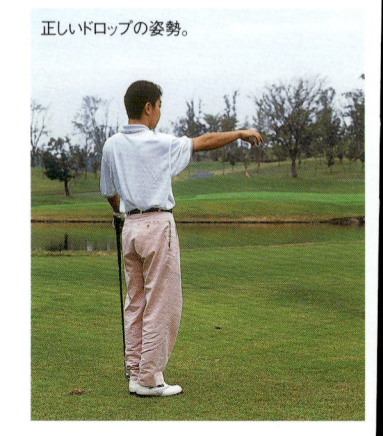

正しいドロップの姿勢。

Keyword ルールのキーワード
Keyword タ・ハ行

①スルーザグリーンにドロップしたボールがハザードに転がり込んだ場合。
②ハザードにドロップしたボールがハザードから転がり出た場合。
③グリーン上に転がり込んだ場合。
④OBエリアに転がり込んだ場合。
⑤障害物などからの救済で、再びそこに転がり込んだ場合。
⑥ドロップしたボールが2クラブレングス以上転がった場合。
⑦ルールで認められた地点よりホールに近づいて止まった場合。

ハ行

旗竿

「旗竿」とは、ホールの位置を示すために、ホールの中心に立てられた棒状の標識のこと。遠距離からでも確認しやすいように着色され、先端に三角もしくは四角の旗が取り付けられていることが多い。「ピン」とも呼ばれるが、ルール上では旗竿が正式名称。

なお、旗竿の断面は円形でなければならず、長さは少なくともグリーン面から7フィート（2.13m）以上の高さのものを用いるよう推奨されている。

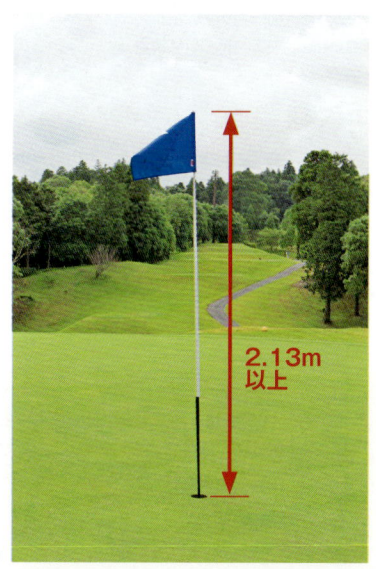

グリーン上の旗竿。

ルールのキーワード Keyword
Keyword　ハ行

ハザード

　「ハザード」とは、コース内のバンカーとウォーターハザード、ラテラルウォーターハザードすべてを総称した呼び方で、障害区域を指す。
　このエリアはOBのようにプレー禁止区域ではないが、ここにボールが入った場合は、特別な処置法が決められている。ちなみに谷やガケ、などを「メンタルハザード」などと呼ぶ場合があるが、これらはハザードには含まれず、スルーザグリーンの一部となる。

ハザードとはバンカーとウォーターハザードの総称。

パッティンググリーン

　一般的には「グリーン」と呼ばれているが、旗竿（➡P221）が立てられたホール（➡P213）があり、パッティングのために特に整備された場所を指す。
　1つのホールにベント芝と高麗芝の2つのグリーンを配し、季節や曜日ごとに使い分けているコースがあるが、これは日本独特のもの。このようなコースの場合、その日使われないグリーン（サブグリーン）は、ルール上ではスルーザグリーンとして扱われる。

Keyword ルールのキーワード
Keyword ハ行

芝が短く刈り込まれ、ホールが開けられている場所がパッティンググリーン。

パットの線

「パットの線」とは、プレーヤーがパットの際にボールにとらせたいラインのこと。ストレートラインやフックライン、スライスラインなど、グリーンの傾斜や芝目によってパッティングラインは様々だが、これもプレーの線と同様、その線の左右に若干の幅をもたせることになっている。

また、パットの線も、ホールを越えてその前方には及ばない。

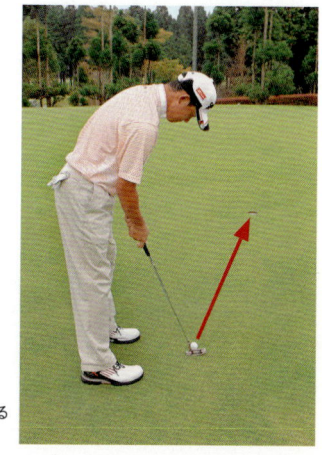

自分がねらおうとするラインがパットの線。

ルールのキーワード Keyword

Keyword　ハ行

バンカー

「バンカー」とは砂が入れられた窪地のこと。ミスショットを罰し、コースの戦略性を高める目的で配置された障害区域で、ここにボールが入った場合は、特別なルールが適用される。

　グリーン周りに配置されたものを「ガードバンカー」、フェアウエーにせり出すように配置されたものを「クロスバンカー」、またホールに沿ってフェアウエー脇に配置されたものを「サイドバンカー」などと呼ぶ。なお、フェアウエーやラフにある砂のない窪地を「グラスバンカー」と呼ぶことがあるが、ルール上これはバンカーではなく、スルーザグリーンとなる。

バンカーとは砂が入った窪地。ガードバンカー（上）や、サイドバンカー（左）など、配置される場所によって呼び方は異なるが、適用されるルールはどれも同じ。

Keyword ルールのキーワード
Keyword ハ行

フォアキャディー

「フォアキャディー」とは、ティーインググラウンドからグリーンが見渡せないようなホールで、前方の安全を確認したり、OBか否かをプレーヤーに知らせるために配置された特別なキャディーのこと。ブラインドホール（ティーインググラウンドからグリーンが見えないホール）が多いコースなどには配置されるが、すべてのコースに配置されているわけではない。

なお、キャディーという名称はついているが、ルール上はキャディーではなく、局外者に該当する。

トーナメントでのフォアキャディー。

プレース

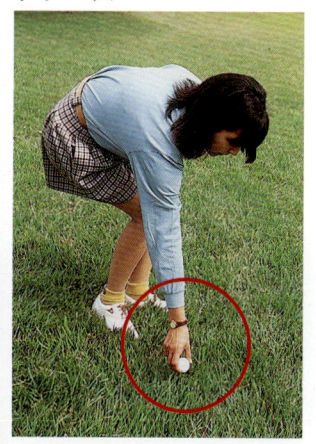

「プレース」とは、元の位置が不明である場合に、推定の位置にボールを置くこと。

再ドロップしたボールが止まらないときに、再ドロップ時にボールが最初に地面に落ちたあたりにボールを置くのがプレース。

ルールのキーワード Keyword

Keyword　ハ行

プレー線

「プレー線」とは、プレーヤーがショットによってボールにとらせたい仮想ラインのこと。いわゆる"飛球線"のことだが、これは単にボールとホールとを直線的に結んだラインというだけでなく、ボールが飛行中に描くと思われる放物線の両サイドに、若干の幅をもたせたラインをいう。

なお、このプレーの線は、ホールを越えてその前方には及ばないことになっている。

目標に対してボールにとらせたいラインがプレー線。

プレー線の改善

「プレー線の改善」とは、ボールが当たりそうだと思える枝を折るなど、ショットを有利にする目的で、ボールの飛行ルートに影響を及ぼすような行為をいう。

ボール周辺の木の枝を折ると、プレー線の改善で2打罰。

Keyword ルールのキーワード

Keyword　ハ行

プレーの遅延

「プレーの遅延」とは、通常のプレー時間を遅らせるような行為をいう。スタート時間に遅刻するなどはその最たるものだが、次打地点までの歩行が異常に遅かったり、ボールの捜索に5分以上を費やすといった行為も、プレーの遅延とみなされる。

紛失球

「紛失球」とは、読んで字のごとく見つからなくなってしまったボールのこと。ボールを探し始めてから5分間以上経過した場合や、仮にボール自体は発見できても、自分のボールであることが明確でなければ紛失球となる。ロストボールともいう。

ホール

「ホール」とは、ボールを入れるためにグリーン上に空けられた穴のこと。カップとも呼ばれるが、本来カップはホールの容積を一定に保つために埋められた円筒形の金属管を指す。

　ホールのサイズは直径は4.25インチ（108mm）以下、深さ4.0インチ（101.6mm）以上と定められており、カップをはめ込む場合は、グリーン面より1.0インチ（25.4mm）以上下に埋め込まなければならないとされている。

　なお、ホールという言葉には、この他に「○番ホール」というようにホールナンバーを表す場合や、マッチプレーでは「○ホールアップ」というように、勝ち負けを表すケースもあるので注意したい。

グリーン上に空けられたホール

ルールのキーワード Keyword
Keyword　ハ・マ行

ホールに入ったボール

「ホールに入ったボール」とは、いわゆるホールインが認められるケースのこと。通常のパッティングでは、ボールがホールの底に沈んだ場合をいうが、グリーン外からストロークされたボールがカップと旗竿の間にはさまって止まった場合は、ボール全体がホールの縁より下に沈んで静止した場合のみをいう。

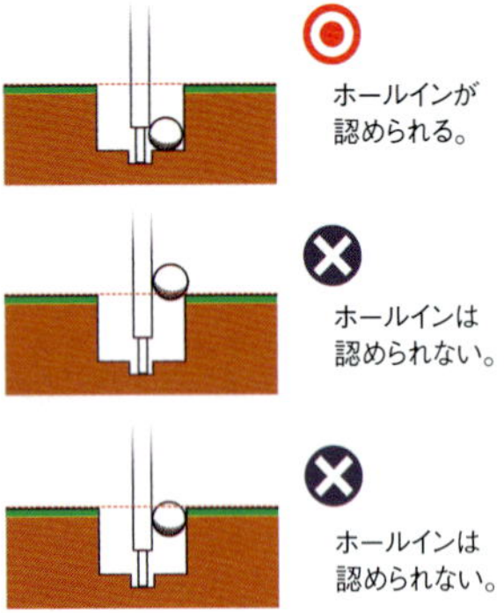

🔴 ホールインが認められる。

❌ ホールインは認められない。

❌ ホールインは認められない。

マ行

マーカー

「マーカー」とは、ストロークプレーで競技者のスコアを記録する人のこと。通常のコンペなどでは同伴競技者同士がお互いのマーカーとなり、自分のスコアと合わせて相手のスコアを記録することになっている。

　たとえば、A、B、C、Dの4人でラウンドしたとすると、AはB、BはC、CはD、そしてDはAのそれぞれマーカーとなる。

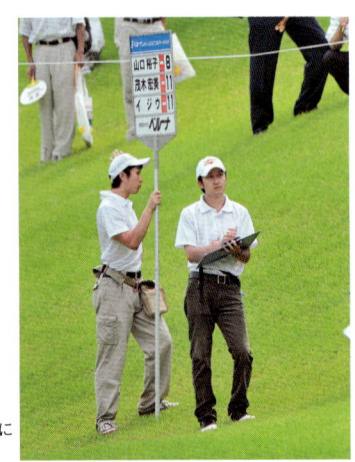

トーナメントで選手に帯同するマーカー。

Keyword ルールのキーワード
Keyword マ行

マーク

「マーク」とは、リプレースを要求されるルールに基づいてボールを拾い上げる場合に、ボールがあった位置を示す目印として、コインやボールマーカーなどを置く行為のこと。

ボールの位置をマークするためのボールマーカー。

マッチプレー

「マッチプレー」とは、1対1で戦い、ホールごとにそのホールの勝者を決めて、18ホールが終了した時点で勝ちホールの数が多いプレーヤーを勝者とする競技方法をいう。

競技は通常18ホールを対象として行われるが、相手より1つでも勝ちホールの数が多いほうが勝者となるため、ストロークプレーのように必ずしも18ホールすべてをプレーするとは限らない。

たとえば、プレーヤーAとBとが対戦し、15番ホールを終了した時点でAの勝ちホール数がBより4つ多かった場合は、残り3ホールをすべてBが勝ったとしても、Aの勝ち数を上回ることはできない。したがって、この時点で（15番ホール終了時）ゲームは終了となる。

ルールのキーワード Keyword

Keyword　ラ行

ラ行

ライの改善

「ライの改善」とは、ストロークをしやすくするために、ボールの後ろのラフを踏みつけて平らにしたり、地面の凹凸を直すといった、ボール周辺の状況を修復するような行為のこと。

ボールの後ろのラフを踏みつけると、ライの改善で2打罰。

ラテラル・ウォーターハザード

「ラテラル」とは"側面"という意味。つまりホールの横をホールに沿って続くように配置されたウォーターハザードのこと。ここにボールが入った場合、ウォーターハザードからの救済処置の1つがとれなくなる（➡P140）のをカバーするために特別に指定されたウォーターハザードで、通常、赤杭または赤線で標示されている。

赤杭で標示されたエリアがラテラルウォーターハザード。

Keyword ルールのキーワード
Keyword ラ行

ラブオブザグリーン

「ラブオブザグリーン」とは、ショットして動いているボールが、自分もしくはキャディー以外の人や物（局外者）に当たった場合をいう。不可抗力なので誰にも罰はなく、ボールが止まったところからプレーを続ければいい。

ショットしたボールがギャラリーに当たった場合も、
ラブオブザグリーンとなる。

リプレース

「リプレース」とは、ルールに従って拾い上げたボールを前位置に正しく置き直すことをいう。

マークした位置にボールを置き直すのがリプレース。

ルールのキーワード Keyword
Keyword　ラ行

ルースインペディメント

「ルースインペディメント」とは、日本語に該当するような単語は見あたらないが、しいていえば「成長していない自然物」のこと。代表的なものとしては、コース上に落ちている枯れ葉や枯れ枝、小石、動物の糞、虫類など。また、グリーン上にある場合に限り、砂やバラバラの土もルースインペディメントとなる。

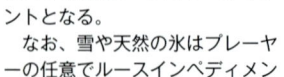

コース上のルースインペディメント。

　なお、雪や天然の氷はプレーヤーの任意でルースインペディメントか、カジュアルウォーター（➡P211）のどちらかとして扱うことができるようになっている。

Appendix
Local rule & Handicap

付 録
ローカルルールと略式ハンディキャップ

そのコース独自のルールが
ローカルルールだ

世界共通のゼネラルルールに対して、特定の地域やコースにのみ通用するルールがローカルルールだ。このローカルルールは、コースの地域的な特性や設計上の問題などから制定されるもので、以下はその一例。これ以外にもコース独自のローカルルールが多々あるので、プレーの前にはスコアカードの裏面をよく見て、しっかりチェックしておく必要がある。

●ティーショットがOBとなった場合の特設ティーからのプレー

　ゼネラルルールでは、ティーショットがOBとなった場合は、1打のペナルティを加えて再度ティーショットを打ち直すのが決まりだが、プレーの遅延を防止する目的から、前方のフェアウエーに特設ティーを設け、そこから第4打目としてプレーするというルール。俗に「前進4打」あるいは「プレーイング4」と呼ばれるものだが、谷越えなどプレッシャーがかかりやすいホールに多く設けられており、打ち直したボール（第3打目）がフェアウエーに落ちたと仮定して、特設ティーから第4打目としてプレーさせている。

●池に入った場合の特設ティーからのプレー

　前項と同じ処置だが、池にボールが入った場合、通常のウォーターハザードの処置（➡P139）の代わりに池の横や、池を越えた地点に特設ティーを設け、そこから次打をプレーするというルール。これもプレーの遅延を防止するためのルールで、OBと同じようにスコアに2打プラスとするコースと、1打プラスするコースとがある。

●フェアウエーのボールの6インチプレース

　フェアウエーにあるボールに限り、6インチ（約15cm）の範囲内でボールをプレースすることを認めるルール。コースの保護を目的として採用されるルールだが、ボールがあった位置よりホールに近づかないことが条件となっているケースが多い。

●障害物の規定の追加処置

　ゼネラルルールでは、障害物はすべて人工の物件に限定されている。したがって、舗装のない通路（人工の表面を持たないもの）などは障害物には含まれず、ここにボールが止まった場合は無罰での救済はなく、そのまま打つかアンプレヤブル（➡P208）の処置をとるしか方法がない。そこで、これもプレーの遅延防止や、安全性の確保といった観点から、プレーの妨げとなるような場所（あるいは物）を特に指定して、そこからの救済を可能にするために設けられたルール。

●隣接するホールに打ち込んだ場合の特別処置

　プレー中のホールと隣接するホールにボールを打ち込んだ場合、危険防止とプレーの

遅延を防ぐ目的から、1打のペナルティを加えて入ったボールをピックアップし、プレーするホールにドロップしてプレーさせるルール。俗に「1ペナゾーン」などといわれ、黄杭で標示されているコースが多い。なお、ドロップエリアは、ボールが止まっていた地点よりホールに近づかず、杭の内側（自分のホール側）から2クラブレングス以内というのが一般的。

●コース上の高圧線にボールが当たった場合の打ち直し処置

　ホールを横切るような位置にある、送電用の高圧線にボールが当たった場合は、罰なしに打ち直すことができるというルール。ゼネラルルール上では、そのままプレー続行となるのだが、プレーの公正という観点からこのルールを採用するコースは多い。ちなみに、プロのトーナメントなどで、プレー線上に放送用のコードや鉄塔などが存在する場合、これを避ける位置にボールをドロップできるといったルールも、ローカルルールの1つだ。

●グリーン周辺での練習の禁止

　ゼネラルルールでは、プレーを終えたばかりのグリーン上や、その周辺でのパッティングやチッピング練習は認められているが、多くのコースはプレーの遅延を防止する目的で、この練習を禁止している。

プロのトーナメントでもローカルルールはある。

●池に入る可能性が高いホールでの暫定球の許諾

ボールの落下地点が確認できない位置にウォーターハザードが存在するホールで、その方向に飛んだボールに対して暫定球(➡P215)を打つことを認めるルール。本来、暫定球はウォーターハザード以外でOBもしくは紛失球(➡P228)になりそうだと判断した場合しかプレーすることはできず、「池に入ったかもしれない」では暫定球はプレーできない(➡P156)。しかし、これではとりあえず1度ボールを探しに行かなければなず、プレーを遅延させるおそれがある。この打ち直しに戻る時間を短縮する目的で作られたルールだ。

●サブグリーンに乗ったボールのドロップ

ゼネラルルール上、サブグリーンはスルーザグリーンの一部と見なされるため、ここ

コンペで役立つ略式ハンディキャップ

●新ペリア方式が最もポピュラー

プロのトーナメントやアマチュアの公式戦などを除き、ゴルフ競技ではその人の技術に応じたハンディキャップをつけて勝敗を競うケースがほとんどだ。世界中どこでも通用するオフィシャルハンデを取得するにはある程度のラウンド経験が必要となるため、初心者がコンペなどに出場する場合は、略式のハンディキャップでプレーすることになる。この略式ハンデにはいくつかの算出法があるが、現在最も多く採用されているのは「新ペリア方式」である。

新ペリア方式とは、18ホールの中からあらかじめプレーヤーに公表せずにパーの

新ペリア方式の早見表

12ホールのスコア	48	49	50	51	52	53	54	55
ハンディキャップ	0	1.2	2.4	3.6	4.8	6.0	7.2	8.4
12ホールのスコア	66	67	68	69	70	71	72	73
ハンディキャップ	21.6	22.8	24	25.2	26.4	27.6	28.8	30

に乗ったボールはあるがままでプレーしなければならない（➡P181）。しかし、この
ルールをそのまま適用すると、サブグリーンがディボット跡だらけになるため、グリー
保護を優先してここに乗ったボールは、罰なしに、ホールに近づかず、ボールの止まっ
ている地点に最も近いグリーン外にドロップしてプレーするというルール。このローカ
ルルールはほとんどのコースで採用されている。

●グリーン上でのパター以外のクラブの使用禁止

前項と同じようにほとんどのコースで採用されているローカルルール。ゼネラルルー
ルでは、グリーン上で使用するクラブに制限はないが（➡P174）、グリーン保護の目
的で、使用クラブをパターのみに限定するルール。

ゴルフの最大の特徴はハンディキャップ競技であること。
このハンディキャップによって老若男女を問わず、
誰でも一緒にプレーすることができる。ハンディキャップには
「オフィシャルハンディ」と呼ばれる公式なハンディキャップと、
「プライベートハンディ」と呼ばれる略式のハンディキャップの2つがある。

合計が48となる12ホール（アウトとインから6ホールずつ）を選び出し、プレー
終了後、その12ホールのスコアの合計を1.5倍してそのコースのパー（通常72）
を引き、さらにその数に0.8を掛けて出た数字をハンディキャップとする方法である。

たとえば、12ホールの合計が63であった場合、（63×1.5−72）×0.8=18と
なるため、その人のハンディキャップは18ということになる。

18ホールのパーの合計が72のコースなら、右ページの表を用いることで計算が
省略できる。

56	57	58	59	60	61	62	63	64	65
9.6	10.8	12	13.2	14.4	15.6	16.8	18	19.2	20.4

74	75	76	77	78	79	80	81	82	83
31.2	32.4	33.6	34.8	36	37.2	38.4	39.6	40.8	42

● 著者紹介

水谷 翔
[みずたに しょう]

ゴルフライター。雑誌編集、ゴルフ誌記者を経てフリーランスに。現在、ゴルフを中心に劇画原作やスポーツ関連の書籍の執筆や編集に従事する。主な著書に「ゼロからわかる！DVDゴルフ基本レッスン」、「これから始める人のゴルフ入門」、「これから始める人のゴルフレッスン」（以上西東社刊）、「GOLF困ったときのカンニングBOOK」（トランスワールドジャパン社刊）、「プロゴルファー伊沢利光物語」（劇画原作・双葉社アクションコミックス刊）などがある。

- ●本文イラスト ── 庄司 猛
- ●写真 ── 高木 昭彦
- ●デザイン ── (株)志岐デザイン事務所（矢野 貴文）
- ●DTP ── (株)明昌堂
- ●編集協力 ── (有)オフィスレン

最新 一番よくわかる ゴルフルールブック カラー版

2009年3月25日発行

- ●著 者 ── 水谷 翔［みずたに しょう］
- ●発行者 ── 若松 範彦
- ●発行所 ── 株式会社 西東社

〒113-0034 東京都文京区湯島2-3-13
営業部：TEL (03) 5800-3120　FAX (03) 5800-3128
編集部：TEL (03) 5800-3121　FAX (03) 5800-3125
http://www.seitosha.co.jp/

本書の内容の一部あるいは全部を無断でコピー、データファイル化することは、法律で認められた場合をのぞき、著作者および出版社の権利を侵害することになります。
落丁・乱丁本は、小社「営業部」宛にご送付下さい。送料小社負担にて、お取り替えいたします。

ISBN978-4-7916-1472-1